Télétravail
La Bonne Vie

Riana Andrieux

Copyright © 2020 Riana Andrieux
Tous droits réservés
ISBN : 9781983194467

Du même auteur :

Le monde des sociétés de service – Caméra Subjective, Juin 2007, les éditions Bénévent

Management de projet international, 2012, Société des écrivains

Pour en savoir plus : www.riana-andrieux.eu

Je dédie cet ouvrage à toutes celles et ceux qui s'orientent vers le télétravail – ou qui hésitent encore - et qui veulent découvrir les réalités du terrain à travers l'expérience des autres, et aussi à toutes celles et ceux qui, ayant déjà franchi ce cap, cherchent encore le modèle qui leur serait le plus approprié pour atteindre leur propre zone d'excellence.

Table des matières

PREFACE   1

A PROPOS DE L'OUVRAGE

Récit d'un parcours et retour sur une expérience de télétravail   8

Le télétravail n'est pas fait pour tout le monde   11

Une caméra subjective offrant une vue de l'intérieur du télétravail   13

Une aide pour que les télétravailleurs s'adaptent et réussissent leur vie professionnelle à distance   14

A propos des entreprises qui veulent généraliser le télétravail   15

A propos de l'entourage des télétravailleurs   16

STRUCTURE DE L'OUVRAGE

Chapitre I – Introduction, ou idiosyncrasie du télétravail   19

Chapitre II - les difficultés personnelles et les ajustements nécessaires   19

Chapitre III - les difficultés professionnelles et les ajustements nécessaires   **20**

Chapitre IV – ajustements nécessaires dans le style de management et de leadership   **20**

Chapitre V – Conclusion – comment être l'architecte de sa vie   **21**

CHAPITRE I : LE TELETRAVAIL - UN NOUVEAU PARADIGME

Changement de paradigme – un nouveau modèle de travail   **22**
   Quelques définitions : virtuel - télétravail   25
   Quelques avantages du télétravail   28

Le télétravail : évolution de l'employé(e) - un changement nécessaire à la vie pour changer notre histoire ?   **33**

CHAPITRE II - AJUSTEMENTS PERSONNELS

Objectifs personnels et ambitions   **46**
   Quelle est la phrase qui me définit et qui me motive dans la vie ? Est-ce que le télétravail en fait partie ?   48
   Quelle est ma stratégie pour atteindre mes objectifs dans la vie ? Comment changer mon histoire ?   54
   Le télétravail est-il la bonne stratégie : celle qui me permettra d'atteindre mes objectifs personnels et mes ambitions ?   59

La procrastination   **61**

Le télétravail...Pour plus tard, quand tout sera propice ? 62
Quand les loisirs et autres passions priment sur le télétravail 64
Le syndrome de l'étudiant 66

Comment mieux organiser sa journée de télétravail tout en luttant contre la procrastination ? 68

Réussir la première tâche de la journée : une routine pour lutter contre la procrastination 68
Limiter les distractions et délimiter son travail est un début de réponse. 70
« Time boxing » - 52 minutes de travail intense et 17 minutes de repos 71
L'art d'éduquer son entourage sur son emploi du temps – une culture du télétravail 78
La différence entre la théorie et la pratique... C'est la pratique 79
Les 11 commandements de Henry Miller appliqués au télétravail 82

Chamboulement du quotidien 84

Une perception encore vague du télétravail 84
Le chamboulement – les interruptions incessantes – ce qui doit changer pour les proches 86
Un espace exclusif pour le travail – Le bureau ergonomique 88
Santé, Sureté, Sécurité et Environnement (SSSE) 90

Le sport et la santé – ou comment combattre l'extrême sédentarité du télétravail 92

Le « mouvement perpétuel » 97
L'importance d'une bonne hygiène de sommeil 98
Comment atteindre le « flow » - le point G du télétravail – en travaillant moins pour en faire plus : gestion de l'énergie 100
La productivité est proportionnelle à notre énergie 103

CHAPITRE III - AJUSTEMENTS PROFESSIONNELS

La solitude — 106
- La solitude : l'enfer c'est l'absence des autres — 106
- Propositions d'ajustements possibles contre la solitude — 107
- Absence d'interaction physique avec les collaborateurs – échanges froids — 110
- Propositions d'ajustements possibles contre l'absence d'interaction — 111

L'isolement – charte de l'équipe virtuelle – le « group think » — 116
- Les différents types d'isolement — 117
- Quelques ajustements possibles contre l'isolement — 121

La confiance — 125
- Climat de doute et de méfiance dans le cadre du télétravail — 125
- La confiance en tant que choix rationnel et conscient — 128
- Garder, développer et maintenir la confiance – les ajustements possibles — 134

CHAPITRE IV – MANAGEMENT ET LEADERSHIP EN TELETRAVAIL

Management Agile proche du 3.0 — 143

Nouveau style de Management et de Leadership adapté au télétravail — 145

Comment appliquer concrètement au quotidien ce style de management et de leadership ? — 148

CHAPITRE V – CONCLUSION

Opter pour le télétravail : une façon de donner un sens à sa vie.   **159**

Le télétravail : un choix existentiel qui ne doit pas être imposé par l'entreprise   **163**

Être l'architecte et acteur de sa vie ou se contenter de vivre une vie dictée par les circonstances   **166**

REMERCIEMENTS   170

BIOGRAPHIE DE L'AUTEUR   172

BIBLIOGRAPHIE   174

Préface

Le télétravail est un style de vie différent, qui peut encore paraître quelque peu étrange pour bon nombre de personnes. Ses répercussions sont notables, tant sur la vie de l'employé que sur celle de l'ensemble des personnes qui partagent le quotidien de celui-ci. Les réactions des débuts sont également très diverses : certains s'épanouissent très rapidement, alors que d'autres ne parviennent pas à affronter le changement de manière rationnelle et se voient débordés et dépassés par le fait de réaliser leur activité professionnelle loin du siège de l'entreprise. Dans leur désarroi ces derniers peuvent mettre en péril non seulement leur propre équilibre, mais aussi les différentes relations sociales qu'ils entretiennent - que ce soit avec les personnes qui partagent leur toit ou, au sens plus large, leur vie. Quand on opte pour le télétravail, on traverse normalement plusieurs étapes, et notre ressenti passe par différents états d'esprits. C'est un peu comme de gravir (avant de descendre, et de remonter à nouveau) les escaliers de sa propre existence. Au début certains sont très optimistes, et ils s'épanouissent sans trop de délai avec le télétravail, alors que d'autres sont plutôt sceptiques car ils se voient obligés de sortir de leur zone de confort pour se risquer vers « l'inconnu ». Ces derniers savent en effet ce qu'ils perdent (la stabilité d'un bureau) et n'ont en général qu'une vague idée – certes souvent positive - de ce qui les attend. Leur appréhension repose donc sur la peur de la nouveauté et le manque d'expérience : sortant de la quiétude de leur statu quo initial, ils vont devoir remplacer la rassurante routine du déplacement quotidien pour se rendre au travail par d'autres repères, d'autres habitudes – voire d'autres certitudes et croyances - afin d'être capables de relever le challenge de travailler à domicile, sans interaction physique avec leurs collaborateurs. Assurer une transition entre ce que l'on connaît (le travail au bureau) et ce qu'on ne maîtrise pas encore (le télétravail) équivaut à un véritable « choc de cultures », car l'employé n'évolue subitement plus dans son cadre professionnel de référence, mais bien dans un espace complètement différent : il devra adapter son comportement et le réguler en fonction d'un tout autre système dont il devra en plus, bien souvent, définir lui-même les règles, faute de formation préalable de la part de l'entreprise. Il va sans dire en effet que le plus recommandable serait que la structure organisatrice puisse accompagner ce changement par une formation sur les compétences de « savoir-faire » et de « savoir être » à distance, mais ce n'est malheureusement pas souvent le cas ; le télétravailleur est en général livré à lui-même dans un univers où tout est différent : le temps, l'espace, la façon d'opérer et de collaborer de façon « virtuelle »... jusqu'à la vie personnelle, familiale et les interactions avec le reste du monde changent : c'est, tout simplement, un nouveau prisme. Mais au-delà d'un certain scepticisme de départ – voire de certains aprioris pessimistes - l'employé(e) se lance malgré tout dans le télétravail. Et au début il ressent même une sorte d'euphorie, la sensation que tout va bien : on atteint en général à ce stade une première « zone d'excellence » où on a l'illusion d'avoir les choses bien en main, d'avoir su trouver ses repères et concilier une certaine harmonie entre sa vie professionnelle et sa vie privée – surtout quand la famille s'adapte bien à ce nouveau statut de travail à domicile. Mais cette tendance positive peut très vite s'inverser : quand surgissent les premières difficultés – surcharge de travail, conflits avec les collaborateurs, pression des interactions virtuelles et/ou déséquilibres dans la vie personnelle sur le moyen ou long terme- le télétravailleur va commencer à douter très sérieusement de son choix... Face à ces épreuves - et face parfois à l'incompréhension, voire au rejet, de l'unité familiale- certains remettent alors en question cette modalité, préférant abandonner et revenir à l'environnement qui leur était familier (le travail au bureau du siège de l'entreprise).

« Il n'y a point d'expérience qui élève mieux un homme que la découverte d'un plaisir supérieur, qu'il aurait toujours ignoré s'il n'avait point pris d'abord un peu de peine. »

Emile Chartier dit Alain

PREFACE

Mais face à l'adversité d'autres choisiront d'insister, et à force d'engagement, de ténacité mentale et de résilience ils parviendront à franchir cette étape. Avec de la persévérance chacun a en effet la possibilité de se construire son propre modèle, pratiquement « surmesure », en insistant notamment sur les ajustements nécessaires qu'ils soient d'ordre personnel (cf. Chapitre II) et/ou professionnel (cf. Chapitre III, Chapitre IV) - afin de finalement trouver l'équilibre tant recherché. À ce stade on commence généralement à prendre un « rythme de croisière » avec le télétravail, avant de finalement atteindre cette fameuse **zone d'excellence** où les repères tracés nous permettent de nous épanouir socialement tout en travaillant de façon efficace. On opère alors avec un réel confort, et on sent que l'on a atteint un équilibre à la hauteur de nos envies : on a trouvé la méthode adaptée à nos besoins, on a développé – en parallèle avec celles et ceux qui partagent notre toit- nos petites habitudes pour que le télétravail soit désormais synonyme de bien-être et de sérénité pour tout le monde dans le foyer.

À ce moment précis, la vie et tout ce que l'on en fait prend alors tout son sens : on est en harmonie avec ce que l'on veut être et avec ses propres actions.

PREFACE

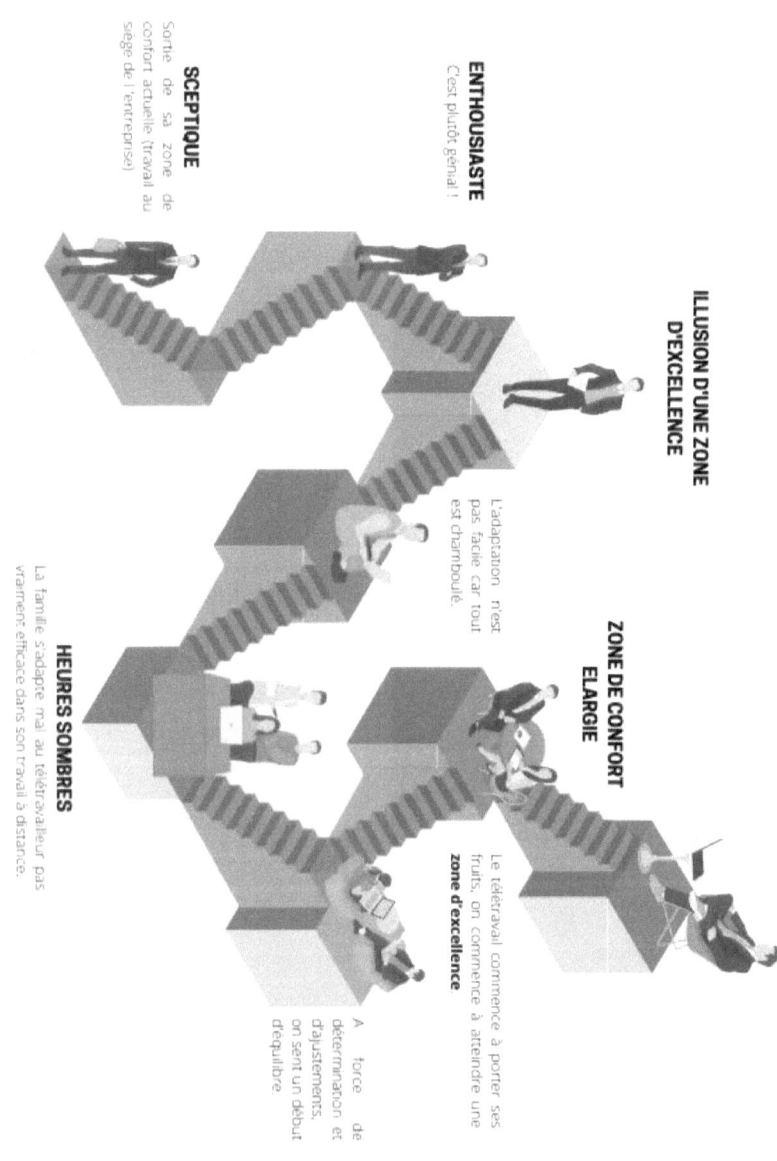

SCEPTIQUE
Sortie de sa zone de confort actuelle (travail au siège de l'entreprise)

ENTHOUSIASTE
C'est plutôt génial !

ILLUSION D'UNE ZONE D'EXCELLENCE

L'adaptation n'est pas facile car tout est chamboulé.

ZONE DE CONFORT ELARGIE

Le télétravail commence à porter ses fruits, on commence à atteindre une **zone d'excellence**

ZONE D'EXCELLENCE

HEURES SOMBRES
La famille s'adapte mal au télétravailleur pas vraiment efficace dans son travail à distance.

A force de détermination et d'ajustements, on sent un début d'équilibre.

PREFACE

Si on en croit la définition de Frédéric Lenoir – dans son ouvrage Le Pouvoir de la Joie, (Lenoir, 2015) - l'une des conditions essentielles à la plénitude humaine est le fait de ressentir une croissance, d'avoir le sentiment de progresser et de se sentir grandir, et c'est effectivement une joie bien légitime que d'atteindre cette zone d'excellence en télétravail après avoir su surmonter les périodes les plus complexes d'apprentissage et d'adaptation.

Mais le chemin ne s'arrête pas là : afin de se maintenir et de préserver cette zone d'excellence, la démarche personnelle doit être constamment améliorée, et surtout parfaitement intégrée en permanence à la vie quotidienne. N'oublions pas, en effet, que l'adage dit que « *l'excellence n'est pas un acte, mais une habitude* » : la « bonne vie » commence à partir de cette zone d'excellence où on excelle véritablement dans toutes les facettes de son existence à faisant du télétravail.

Avant d'arriver à ce sommet, et quelles que soient les épreuves traversées et les émotions ressenties, il est important de ne jamais oublier les raisons qui nous ont poussés à choisir le télétravail (cf. Chapitre I et II), car si on s'arrête aux différents écueils le risque est de perdre définitivement de vue l'objectif et le chemin qui mène à la bonne vie.

Chaque personne - chaque travailleur - fait des efforts pour atteindre son objectif final de pouvoir mener une belle vie, mais l'euphorie qui nous submerge lorsqu'on atteint ce stade est au moins aussi légitime que passagère : l'intensité de l'existence dans toute son ampleur commence toujours en effet « après » la zone de confort, et cette dernière nous sert de base de référence pour poursuivre le rêve suivant... Et ainsi de suite. Certains êtres humains n'ont qu'une seule dimension dans leur vie – ce qui n'est pas forcément négatif, je connais des gens qui sont très heureux ainsi - mais pour beaucoup l'existence se compose d'une succession d'étapes : ils sentent le besoin de se créer un parcours pour grandir, pour se réaliser, pour ne pas sentir de vide au fond d'eux-mêmes. Si les raisons qui nous ont un jour poussés à choisir le télétravail ne sont plus valides, il faut savoir faire confiance à son instinct et opter pour une autre manière de vivre et un autre modèle de travail (une modalité hybride, mi-bureau mi-domicile, à nouveau entièrement au bureau ou un mode de travail sur mesure). Choisir sa vie – et sa façon de la gagner- relève de la responsabilité de chacun : le télétravail devrait être une option personnelle avant d'être un modèle imposé par l'entreprise. Il faut, en effet, s'efforcer de cultiver toujours son indépendance et tenter d'être à tout moment maître de sa propre destinée en faisant les bons choix (cf. Chapitre V). En un mot, il faut avoir le courage de vivre la vie qu'on veut, et non pas la vie qu'on attend de nous. Contrairement à ce qui est trop souvent assumé, nul n'est obligé de se conformer aux avis des autres en renonçant à ses convictions personnelles... En ce sens le célèbre discours de Steve Jobs, alors qu'il conseillait les étudiants de Stanford en 2005, résonne toujours en moi :« *vous n'avez pas toute l'éternité devant vous -leur a-t-il dit. - Ne perdez donc pas votre temps à vivre une autre vie que la vôtre [...]. Ayez le courage de suivre vos intuitions et d'aller là où votre cœur vous porte.* »

« *Choisissez un travail que vous aimez et vous n'aurez pas à travailler un seul jour de votre vie.* »

Confucius, 551-479 av J-C. Extrait des Entretiens

PREFACE

Dans mon ouvrage je m'intéresse globalement au processus de changement vers la réalité du télétravail, que ce soit pour l'employé, pour sa famille et son entourage, et pour l'entreprise : je vais y détailler ces différents paliers de la vie qui nous amène jusqu'à la zone d'excellence dans ce nouveau style de vie avec, à chaque fois, les explications concernant les ajustements personnels et professionnels qui sont nécessaires pour s'adapter, ou encore pour savoir remonter les « bas » du télétravail et se maintenir dans les « hauts » de ses privilèges.

A propos de l'ouvrage

Récit d'un parcours et retour sur une expérience de télétravail

Cet ouvrage se veut avant tout une contribution personnelle et une réflexion articulée autour de mes dix années d'expérience dans le domaine du télétravail : toutes ces dernières années durant lesquelles j'ai pu, grâce aux technologies de l'information et de la communication (Internet, téléphonie mobile, etc.) gagner ma vie depuis les quatre coins du monde, dans des endroits que j'avais moi-même choisis et, la plupart du temps, bien loin des locaux de mes employeurs et de leurs clients. Ce recueil est donc le récit de mon voyage, très riche en vie, dans le monde du télétravail. Il expose tour à tour les émotions que nous avons pu ressentir, mes collègues et moi, les particularités des relations professionnelles à distance, mes opinions sur tout ce que j'ai vu et entendu sur le sujet – à savoir, souvent tout et n'importe quoi quand les avis viennent de personnes qui, sans jamais avoir fait de télétravail, s'autorisent des jugements tranchés et catégoriques. Je détaille également au fil de mes pages les difficultés, doutes et challenges suscités par cette nouvelle réalité professionnelle, avec toutes les interrogations qui les accompagnent : le télétravail peut-il donner un sens à notre vie ? Peut-il nous rapprocher davantage de ce que nous aimerions être ? Est-ce qu'un télétravailleur a vraiment la « belle vie », comme on le croit très (trop) souvent ? Et enfin, peut-on satisfaire toutes ses ambitions personnelles et professionnelles par le biais de cette modalité de travail ?

Dans cette analyse, je reprendrai quelques-unes de mes recommandations au sujet des ajustements - aussi bien personnels que professionnels- et la vie que ce nouveau mode de travail peut requérir. Grâce à la révolution numérique, les entreprises recrutent désormais des talents de n'importe quel point du globe, et elles n'hésitent plus à leur faire confiance à distance, sans les obliger à se déplacer pour se rendre dans des locaux centralisés – sauf à titre exceptionnel, lorsque c'est strictement nécessaire. Il m'est arrivé par exemple d'avoir une réunion, dite de « démarrage », qui a regroupé pendant 5 jours à Dubaï l'ensemble d'une équipe issue d'un peu partout dans le monde : ces échanges préalables furent les seuls moments où nous nous sommes retrouvés en face-à-face, la suite du projet s'étant intégralement déroulée par collaboration numérique interposée, chacun chez soi ou à l'endroit de son choix.

La particularité de ce recueil c'est qu'il a été écrit par quelqu'un qui a réellement vécu le télétravail de l'intérieur, contrairement à de nombreux autres ouvrages dont les auteurs - certes compétents dans l'exercice intellectuel de se représenter de telles circonstances- n'ont jamais vraiment connu vraiment ce phénomène au quotidien, leurs seules expériences en la matière se limitant souvent aux heures de travail supplémentaires effectuées à domicile le soir ou le weekend. Bien sûr, il est vrai que certains ont réalisé ces extensions d'activité dans le train, dans l'avion en allant au travail ou lors de réunions extérieures à l'entreprise – autant de situations qui correspondent effectivement au télétravail - mais ce sont des expériences trop brèves et limitées dans le temps pour les exposer comme un modèle, ou même pour s'en servir de base afin de s'autodéclarer « expert » sur le sujet. Depuis l'ordonnance du président Macron sur le télétravail, j'ai vu apparaître des ouvrages dont le contenu avait tendance à m'agacer un peu car c'était souvent trop théorique, abstrait et/ou totalement déconnecté de la réalité surtout quand ces écrits ne prenaient pas racine dans le vécu. Pour évaluer la température de l'eau dans un récipient – et pour pouvoir en informer autrui - il faut y mettre le doigt : pour ma part non seulement j'ai plongé la main dans l'eau du télétravail, mais je peux dire que ce fut également ce liquide qui m'a alimenté pendant plus de dix ans.

Mon ouvrage ne repose ni sur des théories universitaires, ni sur un modèle hasardeusement défini par un consultant qui prétendrait monnayer ses avis sur quelque chose dont il n'a que de vagues connaissances. La perspective de l'ouvrage n'est pas non plus d'ordre philosophique, mais il s'agit plutôt d'un ensemble de réflexions et de recommandations, basé sur des enseignements positifs et négatifs, autour de la démarche et des méthodes qu'il faudrait mettre en œuvre pour tirer le maximum de profit du télétravail – une modalité dont l'objectif est, à mon sens, de permettre la bonne vie.

J'ai mis sous forme d'écrits, avec mon style propre et les mots qui sont les miens – ceux-là mêmes que j'utilise régulièrement dans mon environnement professionnel- ma position et mon opinion sur le télétravail, sur ses limites et sur la « belle vie » qu'il peut offrir - à conditions qu'on ait pris toutes les précautions préalablement nécessaires pour s'adapter. Avoir la belle vie c'est, par exemple, vivre en fonction de ce qui a du sens pour nous… Certains employés considèrent le télétravail comme un authentique rêve, une opportunité à saisir pour aiguiller le destin vers la belle vie, mais je constate que c'est dans ce qui nous rapproche le plus – ici, le télétravail - que nous retrouvons également les plus grandes différences entre les individus : chacun aura ainsi sa propre démarche pour découvrir sa façon de gérer ses obligations professionnelles depuis la distance, et sa propre approche - celle qui correspondra le mieux à son style de vie et de travail. D'autres en revanche passent à côté des grandes possibilités offertes par le télétravail car ils ne se sentent pas capables de créer, d'imaginer et d'inventer des nouvelles règles et une nouvelle façon de s'organiser, plus autonome et avant tout appliquée pour soi –et de chez soi.

Enfin le télétravail n'est pas qu'une expérience professionnelle ; c'est aussi une expérience personnelle car c'est la modalité qui a le plus d'impact sur la vie privée. On peut même véritablement parler d'un style de vie : les personnes qui y auraient été mal préparées, et/ou qui continueraient à vouloir agir de la même manière qu'au bureau risquent de vivre très mal cette expérience. J'ai pu voir certains collègues -n'ayant aucun sens ni de l'autodiscipline ni de l'auto-organisation- complètement désorientés et incapables de séparer convenablement leur vie professionnelle de leurs responsabilités personnelles. En effet l'absence de barrière tangible entre le foyer et le travail complique, pour beaucoup, la nécessaire démarcation entre ces deux sphères vitales. Sans oublier que le télétravail peut aller jusqu'à créer, dans le pire des cas, des déséquilibres susceptibles d'être particulièrement nocifs pour la santé, au niveau psychique (apathie, dépression, trouble du comportement alimentaire, etc.) ou même physique (anémie, obésité causée par l'extrême sédentarité – ainsi que la perpétuelle proximité du frigo - fatigue chronique, etc.).

J'apporte modestement dans cet ouvrage certains éléments de réponses quant aux ajustements aussi bien personnels (cf. Chapitre II) que professionnels (cf. Chapitre III, Chapitre IV) qui seraient nécessaires pour trouver un certain équilibre, voire mieux, pour vivre bien et trouver sa place dans ce monde du télétravail. Comme pour tout, la réussite dans cette activité requiert de l'engagement, du temps et de la pratique. Il est presque impossible d'assimiler ces ajustements du jour au lendemain, et on passe toujours par plusieurs phases d'apprentissage avant d'atteindre sa propre zone d'excellence, là où les efforts commencent à porter leurs fruits et où toutes les raisons pour lesquelles on a voulu faire du télétravail paraissent évidentes et concrétisées. Arrivés là, un équilibre se forme et le télétravailleur se sent, en général, pousser des ailes : c'est aussi à ce stade qu'on est heureux d'avoir trouvé sa place dans ce monde, tout simplement parce qu'on excelle dans ce qu'on fait.

Le télétravail n'est pas fait pour tout le monde

Chaque personne est unique et chacun a sa propre histoire, ses valeurs, sa sensibilité, et de la même façon chaque individu développe son propre style de vie et sa définition de la réussite : on cultive tous son propre jardin, et c'est en préservant cette unicité qu'on prend pleinement sa place dans le monde. En ce qui concerne la vie professionnelle, nous avons tous nos préférences en fonction de nos ambitions et de notre caractère ; le télétravail n'attire pas du tout certaines catégories de personnes, pour plusieurs raisons : il y a ceux qui ne peuvent pas se passer de l'interaction physique avec leurs collègues, ceux qui exercent une profession – ou qui ont un type de contrat- qui ne permet pas encore cette modalité, sans oublier ceux qui, tout simplement, ne souhaitent pas travailler chez eux et qui ont besoin d'effectuer un aller-retour quotidien pour marquer nettement la frontière entre leur vie professionnelle et leur vie privée. Parfois c'est l'entreprise qui décide de ne pas autoriser le télétravail pour ses employés : un exemple assez marquant et inattendu – pour son rattachement direct à la sphère numérique - fut quand Marissa Mayer, alors PDG du groupe Yahoo, a pris en 2013 la décision controversée d'interdire à tous ses salariés d'opérer à distance (Arthur, 2013) , sous l'argument que, selon elle, les meilleures idées découleraient toujours des rencontres impromptues, lors des réunions improvisées dans les couloirs ou à la cafétéria et au hasard des nouvelles connaissances fortuites. Cette mesure n'a pas empêché l'avalanche de problèmes qui allait ensuite s'abattre sur la firme : vol d'un milliard de données d'utilisateurs en 2014, fermeture de plusieurs des publications numériques en 2016 (Yahoo! Food, Yahoo! Health, Yahoo! Parenting, etc.) Autant de circonstances qui ont favorisé – si ce n'est provoqué - la revente à prix soldé du cœur de son métier au groupe Verizon en 2017. Bien sûr je ne cherche pas à établir une relation de cause à effet, et je pense que cette série noire aurait très bien pu arriver de la même façon si les employés de Yahoo ! avaient opéré en télétravail... Mais il est vrai que la presse spécialisée n'a jamais autant parlé de Yahoo ! qu'à l'occasion de ces deux événements majeurs de son histoire. À titre de comparaison, même quand le géant Google avait proposé en 1997 à cette même enseigne de la racheter pour la modique somme d'un million de dollars, cela n'avait pas fait autant de vagues –petit rappel pour celles et ceux qui auraient du mal à suivre : Google vaut aujourd'hui 101 milliards de dollars (Moloney, 2017). Ceci dit, cet ouvrage n'a pas pour objet de détailler les malheurs des autres, ni de leurs (mauvaises ?) appréciations du télétravail.

A PROPOS DE L'OUVRAGE

Le télétravail n'est pas pour tout le monde, et peut-être d'ailleurs que la lecture de ce livre va conforter certains dans leur choix de ne pas vouloir opter pour cette alternative. Je ne prétends pas pour autant examiner de façon exhaustive tous les avantages et les inconvénients de cette modalité, ni discuter du bien-fondé de la proposition de loi du gouvernement actuel à son sujet -je ne pense pas que ce soit mon rôle, et d'ailleurs diverses comparatives bien documentées sont déjà disponibles sur ce sujet.

Une caméra subjective offrant une vue de l'intérieur du télétravail

En revanche, l'ouvrage va offrir une vue de l'intérieur, un aperçu en plongée, une sorte de caméra subjective à travers ma propre expérience et celle de tous les collègues que j'ai pu interroger sur leur quotidien de télétravail. Je vais ainsi démontrer l'écart qui existe généralement entre la perception que l'on a de ce paradigme, et la réalité concrète – avec ses « concentrés » de cas vécus et d'exemples pratiques, tous issus des enseignements du terrain. Mon but en l'écrivant était de partager avec mes lecteurs chaque leçon apprise, chaque joie ressentie, chaque difficulté surmontée, chaque challenge relevé, ainsi que de détailler toutes les barrières que dresse encore parfois le télétravail. J'espère donc que toutes celles et ceux qui y accèderont – travailleurs à distances, ou personnes hésitant encore à franchir le cap- trouveront sa lecture utile, et qu'ils pourront s'identifier et/ou se guider au fil des cas exposés, voire appréhender de façon plus sereine les difficultés futures qu'ils pourraient eux-mêmes rencontrer. Enfin, j'aimerais qu'il puisse servir de guide et de référence aux jeunes qui veulent entreprendre ce parcours professionnel du futur... Une situation désespérée ne trouve pas forcément sa solution dans la panique : il est toujours possible d'observer les expériences des autres et d'en tirer un enseignement. Confucius disait d'ailleurs bien que « *s'il est sage d'apprendre de ses erreurs, il est plus sage encore d'apprendre des erreurs d'autrui* ». C'est pour cette raison que je souhaitais partager les étapes de mon propre cheminement –ainsi que les tâtonnements des autres. Dans la vie il existe en effet plusieurs façons de parvenir à notre objectif, quel que soit celui-ci : soit on « réinvente » à chaque fois la roue en repartant de zéro pour construire son propre modèle, soit on se sert de l'expérience des autres comme points de référence pour délimiter son propre chemin. Personnellement j'ai toujours pris le meilleur ou le pire des autres pour que cela me guide et me serve de repères dans ma manière d'être - ou de ne pas être- et de faire – ou de ne pas faire. Je vois et je prends tout comme une leçon : les livres que j'ai lus, les films que j'ai vus, et surtout, les gens que j'ai rencontrés ainsi que leurs histoires.

Une aide pour que les télétravailleurs s'adaptent et réussissent leur vie professionnelle à distance

Quand on se réfère au télétravail, les principaux facteurs d'échec sont en général à imputer au manque d'éducation, de formation, de repères, et surtout de « maturité » de l'employé quant à cette forme d'activité – sans oublier l'absence de culture ou de modèle correspondant dans la propre entreprise. Un changement progressif vers le télétravail s'est déjà produit dans beaucoup de secteurs professionnels, et ce n'est maintenant plus qu'une question de temps pour que la majorité des entreprises bascule la plus grosse part de leur activité à cette modalité. Même la Mairie de Paris expérimente aujourd'hui le télétravail (Henry, 2016). Cependant, cette transition exige un management particulier, qui consiste à définir et à décrire ce que représente exactement le télétravail pour ces entreprises, pour leurs employés, avant de s'interroger sur la façon d'effectuer ce changement d'une façon efficace. Dans ce sens, cet ouvrage s'adresse aussi bien aux professionnels qu'aux étudiants, ou même aux « amateurs » qui s'embarquent dans cette aventure du travail à domicile. Il apporte des éléments de réponses afin d'accompagner au mieux la transition, pour offrir des solutions d'ajustements opportuns afin de maximiser les chances de réussite en télétravail, et de minimiser les facteurs d'échec. Au fil des démonstrations, nous verrons également à quel point cette option professionnelle peut tout autant offrir la « belle vie » à celles et ceux qui la choisissent, que se transformer en véritable cauchemar quand on n'y est pas suffisamment préparé. Le télétravail peut, en effet, être un authentique facteur d'épanouissement et de plénitude de soi quand on sait l'abondance de temps libre qu'il permet (une fois qu'on a appris à s'organiser), ainsi que les possibilités quasi-infinies de vie personnelle qu'offre sa flexibilité aussi bien horaire que géographique. Au passage je tenterai d'apporter certains éléments de réponse à la difficile recherche de l'équilibre entre le travail (carrière et ambition) et la vie privée (santé, sport, loisirs, famille, ...), en exposant à quel point – à mon sens - le télétravail peut justement être un formidable instrument pour parvenir à la sérénité à tous les niveaux : la zone d'excellence.

A propos des entreprises qui veulent généraliser le télétravail

Mon intention était également de reporter quelques directives et recommandations sur la façon dont on peut ancrer le télétravail dans la culture de l'entreprise, et pour ce faire j'insisterai particulièrement sur le style de Management et de Leadership qui me semble approprié pour cette dynamique (cf. Chapitre IV), car il est impossible de gérer une équipe à distance de la même manière qu'un groupe « in situ ». Pour les entreprises il faut savoir que le télétravail permet une notable réduction des coûts de production (location de bureaux, voyages, expatriations, etc.), doublée d'une plus grande facilité d'accès aux talents du monde entier : en l'absence de « barrière » physique, les gens peuvent travailler de partout –et souvent de chez eux. Mais pour que ces avantages se répercutent réellement sur toute l'organisation, l'entreprise doit être capable de créer et de développer un modèle de « maturité » pour les équipes virtuelles (en anglais, VTMM –Virtual Team Maturity Model) afin d'augmenter la productivité et la performance de ses employés à distance. Il faut avant tout savoir former et inculquer une culture du télétravail : pour qu'un modèle fonctionne il est nécessaire qu'il soit imprégné dans la matrice de l'organisation – et pas seulement dans les « gènes » de ses dirigeants !

Ce paradigme doit également être simple et inclusif pour les employés – en plus de refléter, bien évidemment, le corps de métier concerné et ses exigences. Les Leaders et les Managers doivent savoir transmettre cette culture, ces « savoir-faire virtuel » et « savoir-être virtuel » indispensables au télétravail. Cet ouvrage propose un angle d'approche sur ce sujet, et le modèle sur lequel nous nous pencherons au cours de nos analyses pourra aisément être utilisé comme référence ou point de départ pour parfaire la cohésion du projet en entreprise.

A propos de l'entourage des télétravailleurs

Je souhaitais également m'adresser à la famille, aux conjoint(e)s, aux colocataires et à toute personne susceptible de fréquenter de près ou de loin ces professionnels d'un nouveau type : il me paraît en effet essentiel de rappeler que ceux-ci ne passent pas leur journée en pyjama à regarder des vidéos ou à jouer à la Playstation, mais qu'ils – ou elles - s'acquittent réellement des tâches qui leur sont confiées. C'est vrai que le fait de travailler chez soi entraîne également un chamboulement pour celles et ceux qui partagent le même toit, et que quelques ajustements sont souvent nécessaires pour toute la famille (cf. Chapitre II). Cet ouvrage veut démontrer qu'il est possible de créer un environnement positif et propice au travail à domicile en établissant quelques règles basiques de savoir-vivre qui, acceptées par tous les membres de l'unité familiale, permettent à tout le monde de cohabiter harmonieusement. Les télétravailleurs qui me lisent vont très probablement se reconnaître dans certaines situations de « reproches fréquents » que je décris... Des phrases souvent entendues, telles que « *Mais tu n'es pas allé chercher les enfants à l'école ?! Tu avais pourtant tout le temps, et je te l'avais répété plusieurs fois !* » ou encore « *Est-ce que tu peux surveiller ce que j'ai mis sur le feu ? Je sors juste un instant...* »

A PROPOS DE L'OUVRAGE

Inutile je crois de préciser que cette dernière circonstance donne d'ailleurs souvent lieu à de spectaculaires « ratés » culinaires puisque, concentré sur ce qu'il fait, le télétravailleur en oublie facilement les instructions extérieures. Personnellement, j'ai un jour été rappelé à la réalité de mon logis par une forte odeur de brûlé – ainsi que le déclenchement quasi-simultané de l'alarme incendie ! Suite à ce début de feu, un de mes voisins a aussitôt appelé la police et les pompiers : devant l'incompréhension générale, force m'a été de reconnaître que j'étais bel et bien présent dans l'appartement au cours de cet épisode…Et que je n'avais même pas bougé de mon bureau.

Le télétravail n'est pas encore ancré dans la vie et la culture des familles, et c'est pourquoi j'espère que cet ouvrage va leur ouvrir les yeux sur certains aspects pratiques et réels de ce nouvel état de choses. Il faut aussi savoir que cette modalité professionnelle représente tout de même des avantages pour les conjoints –autres que la surveillance d'une casserole sur le feu- puisqu'elle permet une totale mobilité : le télétravailleur pourra sans problème suivre son ou sa partenaire dans une autre ville, voire même sur un autre continent, en cas de mutation professionnelle et/ou autre obligation vitale. Par répercussion, c'est la société toute entière qui va bientôt vivre les changements associés à ce mode de travail.

Enfin, cet ouvrage s'adresse plus généralement à tout un chacun, à tous les curieux de la vie, qu'ils soient étudiants ou professionnels : toutes les personnes qui recherchent une littérature différente, basée sur du vécu et rédigée de façon accessible et parlante -et toujours sous l'angle d'une expérience personnelle- concernant le travail à distance et l'univers professionnel qui s'ouvre aux générations futures avec l'avènement du télétravail.

A PROPOS DE L'OUVRAGE

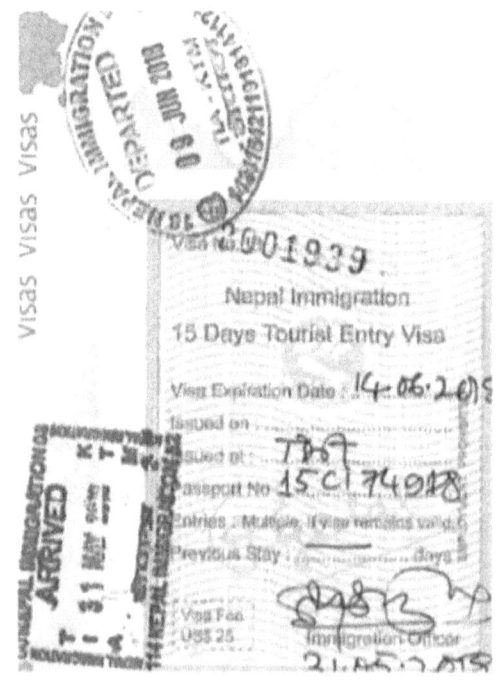

Structure de l'ouvrage

On entend beaucoup parler de télétravail... Et souvent d'ailleurs ceux qui en parlent le plus sont ceux qui en font le moins : des personnes qui ont des avis très tranchés sur la question, la plupart du temps juste pour épater la galerie, sans avoir jamais vécu cette modalité de l'intérieur. Au contraire de ces opinions avancées sur un ton péremptoire - parfois maigrement documentées et guère convaincantes - cet ouvrage offre la vision que j'ai depuis ma propre « fenêtre », à travers mon propre prisme, de la vie en télétravail, à travers mes 10 ans d'expérience dans le domaine -10 années au cours desquelles j'ai travaillé depuis chez moi ou dans des lieux très éloignés des locaux des différentes entreprises qui m'employaient.

Cet ouvrage se compose de 5 chapitres, qui peuvent être lus dans l'ordre de préférence du lecteur en fonction de ses centres d'intérêts.

Chapitre I – Introduction, ou idiosyncrasie du télétravail

Dans cette partie nous aborderons les raisons d'être, les spécificités et ce qui fait l'essence-même du télétravail. Ce chapitre explique comment la quatrième révolution industrielle et la mondialisation sont à l'origine de cette nouvelle façon de travailler, un paradigme vers lequel les entreprises sont en train de basculer petit à petit.

Chapitre II - les difficultés personnelles et les ajustements nécessaires

Cette partie traite des difficultés personnelles relatives au télétravail. Le chapitre débute par des questions d'ordre existentiel (à savoir, si nos aspirations personnelles et/ou la recherche de notre place dans le monde peuvent passer par cette option professionnelle), et nous examinons ensuite les différentes manières de lutter contre la procrastination, ou comment s'organiser personnellement face au chamboulement du quotidien « traditionnel » -et surtout, comment y préparer sa famille et son entourage, qui bien souvent ne comprennent pas toutes les subtilités et les enjeux du télétravail. Enfin, ce chapitre tente d'expliquer comment trouver un équilibre de vie jusqu'à atteindre le point culminant de satisfaction (le « flow ») en télétravail.

Chapitre III - les difficultés professionnelles et les ajustements nécessaires

Ce chapitre traite des difficultés directement liées aux caractéristiques de ce nouveau mode d'activité : nous y parlerons notamment de la solitude et de l'isolement propres au télétravailleur. Nous nous pencherons également sur les rapports humains induits par cette situation, c'est-à-dire la confiance, ou le climat de doute et de méfiance qui peut régner et plomber les relations professionnelles. Nous analyserons donc les ajustements nécessaires pour résoudre ces problèmes, afin de se sentir à la fois à l'aise et efficace dans ce que l'on fait. Nous mettrons notamment en avant quelques bonnes attitudes et habitudes à adopter afin de faire face de façon significative aux difficultés et challenges auxquels le télétravail peut nous confronter.

Chapitre IV – ajustements nécessaires dans le style de management et de leadership

En tant que formateur, coach et consultant en management de projets et de programmes internationaux, je me dois de consacrer un chapitre de ce recueil aux spécificités de la gestion des groupes de télétravail, notamment quand il s'agit d'équipes multiculturelles disséminées aux quatre coins de la planète, et sans quasiment aucun contact de visu. Je vais principalement y aborder des recommandations basées sur le management Agile 3.0, qui me semble le plus approprié aux besoins spécifiques de ces relations. Je n'ai en revanche pas développé les composants culturels de cette approche, tout simplement parce que dans ce domaine je ne trouve rien à ajouter à l'excellent ouvrage d'Erin

Meyer, « The Culture Map » (Meyer, 2016) : si je m'y étais risqué, j'aurais vraisemblablement fini par recopier intégralement tous ses développements.

Chapitre V – Conclusion – comment être l'architecte de sa vie

J'ai voulu terminer mes réflexions en démontrant, preuves à l'appui, que le télétravail offre réellement une énorme possibilité de liberté, et qu'il peut, de par ce fait, nous permettre de prendre totalement en main les rênes de notre existence –en choisissant, par exemple, sans aucune contrainte ses lieux et horaires de travail en fonction de sa vie sociale et/ou de ses préférences. Que nos rêves soient grands ou petits, que l'on ait une vision à court, à moyen ou à long terme de son existence, que nos ambitions soient insignifiantes ou démesurées, ou même, que l'on fasse humblement partie de celles et ceux qui n'ont que ce qu'on leur offre... Personne ne pourra jamais nous reprocher de rechercher les meilleures conditions de vie possibles – comme, par exemple, de travailler d'où on veut. En effet, tout ce qui semble universellement accepté est souvent médiocre et ennuyeux : autant oser une vie audacieuse et choisir son versant le plus original ! Les gens qui blâment les autres – ou une hypothétique malchance- pour justifier de la vacuité de leur existence oublient souvent que ce qui nous définit le mieux c'est notre façon de réagir aux circonstances de la vie. Aujourd'hui, l'opportunité d'être à la fois l'entrepreneur et le maître de sa propre trajectoire nous est offerte par le télétravail : à condition de savoir appliquer tous les ajustements nécessaires pour opérer dans de bonnes conditions, ce nouveau paradigme nous ouvre enfin les portes de ce qui pourrait vraiment être reconnu universellement comme la « bonne vie ». Cette belle vie étant, à mon sens, la seule qui soit réellement digne d'être vécue.

Chapitre I : Le télétravail - un nouveau paradigme

Changement de paradigme – un nouveau modèle de travail

> « De tous les défis multiples et fascinants auxquels nous sommes confrontés aujourd'hui, le plus important est de comprendre et orienter la nouvelle révolution technologique, qui n'implique rien de moins qu'une transformation de l'humanité. Nous sommes à l'aube d'une révolution qui bouleverse déjà notre manière de vivre, de travailler et de faire société…Sur le plan sociétal, un changement de paradigme affecte notre manière de travailler et de communiquer, mais aussi de nous exprimer, de nous informer et de nous divertir….On peut en déduire que les entreprises s'organiseront de plus en plus autour d'équipes diversifiées, de télétravailleurs, de collectifs dynamiques, avec un échange continu des données et des idées sur les sujets ou les tâches à traiter. La quatrième révolution industrielle »
>
> *La quatrième révolution industrielle - Klaus Schwab (Schwab, 2017)*

La révolution numérique a bouleversé de manière irréversible notre façon de vivre, de communiquer et, bien sûr, de travailler. Les outils collaboratifs permettent désormais aux entreprises et aux employés d'être constamment en contact et d'échanger des données plus rapidement – voire immédiatement - quelle que soit la distance qui sépare les interlocuteurs. La mondialisation en marche se voit d'ailleurs incrémentée par ces circonstances, car maintenant la concurrence planétaire ne porte plus uniquement sur les matières premières ou les ressources pas chères : on se dispute aujourd'hui aussi les talents. En

CHAPITRE I : LE TELETRAVAIL – UN NOUVEAU PARADIGME

effet il est désormais possible d'embaucher du personnel compétent aux quatre coins du monde car ces gens peuvent intervenir à distance, en tout lieu et à tout moment, par l'intermédiaire de toute sorte d'outils de la nouvelle technologie... On appelle cela le télétravail. Nous sommes donc en train de vivre un changement de paradigme, dans lequel ce mode de travail deviendra de plus en plus la réalité normative : selon la Revue de culture contemporaine (Olliver, 2017), à l'horizon de 2030 plus de la moitié des fonctions professionnelles seront « *télétravaillables.* »

Galvanisé par le progrès fulgurant des nouvelles technologies de la communication, ce nouveau modèle se fait de plus en plus présent dans le monde de l'entreprise. Associé à la mondialisation, il est en train de devenir la référence des nouvelles façons de travailler, de faire du business et d'entreprendre, de par la grande flexibilité qu'il offre : on peut désormais travailler n'importe où, n'importe quand et avec les matériels que l'on veut, sans que cela ait la moindre conséquence sur la productivité finale de la société. Selon Jacob Morgan, dans son ouvrage « the Future of Work » (Morgan, 2014), ce nouveau paradigme s'expliquerait d'ailleurs par l'avènement de 5 principales tendances :

1. Les nouveaux comportements
2. La nouvelle technologie
3. Les travailleurs « milléniaux »
4. La mobilité
5. La mondialisation

Jacob Morgan affirme que ces tendances sont celles qui forcent les organisations à changer de modus operandi. Comme les rencontres en « face-à-face » se font de plus en plus rares, dans ce nouveau paradigme le « savoir-être virtuel » et le « savoir-faire virtuel », nécessaires pour faire du télétravail, deviennent des compétences stratégiques, aussi bien pour les entreprises – petites ou grandes - que pour les entrepreneurs eux-mêmes. Les habitudes professionnelles, forgées sur le modèle traditionnel d'interactions en présence, doivent en effet s'adapter à cet environnement virtuel : l'impact de la prestance physique pèse soudainement bien peu, et la posture, les mimiques, la gestuelle autant de signes auparavant considérés comme des facteurs prépondérants de la communication- perdent également leur potentiel de signifiance.

Figure 1: Le travail du futur, (Morgan, 2014)

Ainsi, les autoproclamés leaders - dont les influences sont principalement basées sur l'impression superficielle qu'ils laissent aux autres, à travers leurs apparences et les signaux physiques perceptibles qu'ils envoient- doivent apprendre à faire évoluer leur style de leadership afin de le faire correspondre à cette nouvelle réalité. Il faut qu'ils sachent être charismatiques autrement que par le physique et le langage corporel. Bien sûr, les autres compétences dites « douces » (comme l'amabilité, même virtuelle, ou encore l'intelligence émotionnelle) conservent toute leur importance – devenant même primordiales.

Dans ce nouveau rapport, l'interaction intersubjective « virtuelle » devient la norme, aussi bien entre les collaborateurs d'une même organisation qu'entre les entreprises elles-mêmes. Il est désormais tout-à-fait possible – voire fréquent - que des collègues, travaillant pour une même entreprise et collaborant sur un même projet, ne se soient jamais croisés ni rencontrés, l'intégralité de leurs échanges ayant toujours eu lieu de façon virtuelle.

Aujourd'hui, les startupers et autres entrepreneurs n'ont plus besoin non plus de louer un local commercial pour démarrer leur business : il leur est très facile de travailler directement de chez eux - ou de n'importe où - et de collaborer à distance avec des personnes qu'ils ne rencontreront probablement jamais.

Quelques définitions : virtuel - télétravail

Virtuel : dans l'ensemble de cet ouvrage, j'emploie le mot « *virtuel* » pour désigner la circonstance qui permet aux intervenants de tirer profit des nouvelles technologies pour communiquer les uns avec les autres afin d'atteindre un objectif commun. Les différents interlocuteurs et parties prenantes (équipes, clients, fournisseurs, sponsors, etc.) peuvent être dispersés aux quatre coins du globe – voire même dans l'espace, à l'image de l'astronaute Thomas Pesquet, resté connecté avec ses collaborateurs de l'ESA sur Terre alors que lui-même était en orbite). Certains opèreront depuis le siège de l'entreprise – ou sur l'un des sites satellites de celle-ci - alors que d'autres interviendront en télétravail, depuis chez eux, depuis un centre de *coworking* ou tout autre endroit qui leur semblera approprié.

Tous étant dans des lieux différents, appartenant à des pays différents, chacun vient donc naturellement avec sa propre culture - c'est d'ailleurs un point important, le challenge résidant souvent autant dans la différence culturelle que dans la distance géographique. Le « *virtuel* » devient un espace commun où se rencontrent et communiquent des groupes de personnes, toutes issues de contextes différents, opérant parfois entre différents fuseaux horaires, mais partageant le but commun de travailler sur des tâches interdépendantes. Ces parties prenantes se rencontrent habituellement en « *virtuel* », à travers les moyens technologiques, et rarement en face-à-face. Les entreprises développent d'ailleurs de plus en plus de « salles de guerre virtuelle »

CHAPITRE I : LE TELETRAVAIL – UN NOUVEAU PARADIGME

(« *virtual war room* » en anglais), c'est-à-dire des salles de réunions virtuelles « connectées » où les gens interviennent, via les nouvelles technologies, pour discuter de situations de crise ou débattre sur des stratégies critiques. En ce qui me concerne j'ai notamment eu des collègues qui ont collaboré ainsi en « virtuel » - de chez eux - et en urgence à la solution « Top Kill », destinée à éteindre l'incendie accidentel qui s'était déclaré en 2010 sur la plateforme pétrolière de BP du Golfe du Mexique. En résumé, de nos jours, les entreprises disposent souvent d'employés répartis sur plusieurs sites géographiques différents. Sans oublier que les organisations elles-mêmes traitent avec d'autres intervenants (clients, sous-traitants, partenaires, etc.), non seulement locaux, mais aussi souvent internationaux – et donc forcément éloignés.

En tant que directeur de projets et de programmes pour plusieurs entreprises internationales, sur ces 10 dernières années j'ai ainsi eu l'opportunité de travailler avec des équipes et des clients virtuels, depuis chez moi ou depuis les différents endroits du monde qu'il m'a plu de visiter -tout en respectant mes obligations professionnelles... Un privilège justement rendu possible par le Télétravail.

Télétravail : dans cet ouvrage ce terme s'applique à la situation mettant en interaction professionnelle un ou des travailleur(s) se trouvant géographiquement distant(s) de la base hiérarchique et/ou de ses (leurs) principaux collaborateurs (de management en particulier). Le cadre peut être le domicile de l'employé(e), ou tout autre lieu qui ne serait pas directement le siège de l'entreprise. Ce type de travail est d'ailleurs clairement appelé, soulignons-le au passage, à devenir la norme à l'horizon de 2030 (Morgan, 2014), car déjà actuellement les entreprises permettent de plus en plus souvent à leurs collaborateurs d'intervenir de l'extérieur, de n'importe quel endroit ayant une connexion à Internet. En effet, le télétravail offre aux entreprises un accès non-négligeable à un grand et vaste réservoir de talents partout dans le monde, leur permettant de ne plus devoir limiter leur recrutement à la disponibilité locale et/ou régionale, mais bien d'atteindre un réseau de ressources mondiales pratiquement illimité. Cette solution permet également de réaliser de substantielles économies sur les investissements en matériels – probablement l'un des principaux frais auxquels une entreprise doit faire face, et peut-être le plus susceptible d'influer sur les résultats de celle-ci, le principal objectif étant, rappelons-le, d'accroître la productivité tout en réduisant les coûts. Grâce au télétravail il est aussi possible de s'épargner les frais d'hôtel et de déplacement... Une réalité que feraient bien de considérer les députés de l'Assemblée Nationale, qui continuent de se rendre chaque semaine à Paris depuis tout le territoire Français et même de l'étranger : la technologie pourrait effectivement leur permettre de débattre, d'intervenir et de voter depuis leurs lieux de résidence, mais il semblerait malheureusement que le gaspillage d'argent public ait encore de beaux jours devant lui au sein de cette institution.

CHAPITRE I : LE TELETRAVAIL – UN NOUVEAU PARADIGME

Quelques avantages du télétravail

Un autre avantage du télétravail – et non des moindres - c'est qu'il offre aussi une meilleure qualité de vie à l'employé : celui-ci n'a en effet plus de trajet à faire entre son domicile et son lieu de travail. Non seulement il perd donc moins de temps dans les transports en commun – ce qui, au passage, s'avère également plus écologique - mais il commence donc sa journée en étant plus serein, dans un état d'esprit plus favorable à la productivité.

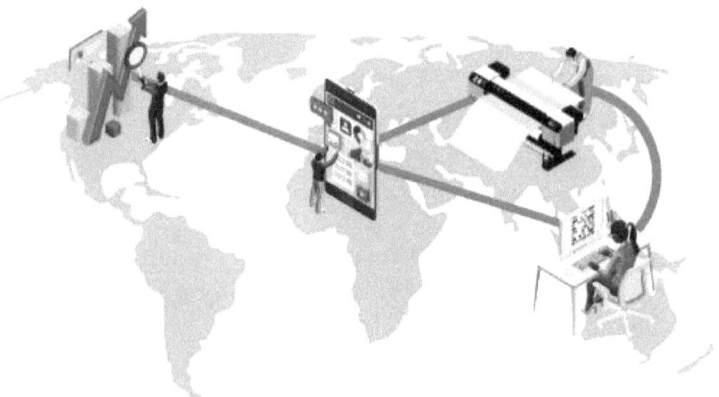

Figure 2: Equipe en télétravail collaborant de partout dans le monde

D'une certaine façon on peut même considérer que ce nouveau paradigme transforme le credo « métro-boulot-dodo » en « boulot vie sociale-dodo », changeant les références et priorités temporelles du quotidien. En effet, le trajet pour se rendre à son bureau ne dure que quelques secondes, et le travail n'est plus défini par l'endroit où il est effectué -mais bien par les tâches à effectuer.

CHAPITRE I : LE TELETRAVAIL – UN NOUVEAU PARADIGME

L'employé, tout comme l'entrepreneur, sera forcément plus heureux – et donc encore plus performant- après s'être libéré du joug mental de l'obligation journalière de déplacement. Car force est de reconnaître que le fait d'avaler des kilomètres de bouchons avant d'arriver au bureau peut arriver à frustrer même les plus zen d'entre nous... Travailler à la maison nous épargne aussi la promiscuité des transports en commun aux heures de pointe, avec son lot de désagréments : bousculades, odeurs corporelles - voire attouchements pour les victimes des « frotteurs ». Il ne faut en effet pas oublier non plus que ces moyens de transport collectif constituent, surtout quand ils sont bondés, un terreau idéal pour le développement et la propagation des bactéries et autres virus – dont, évidemment, les plus contagieux : personne n'a d'ailleurs oublié, je pense, le triste épisode de la grippe H1N1. Et que dire des risques d'attentats terroristes qui peuvent survenir à tout moment dans ces lieux où les gens sont agglutinés ? Sans vouloir jouer les alarmistes à l'extrême il faut bien reconnaître qu'un ou une employé(e) de télétravail s'épargnera bien des complications avant de commencer sa journée, car cela ne lui prendra que quelques secondes de passer de sa chambre à coucher à son bureau – après peut-être un détour par la case cuisine et/ou salle de bains. Sans compter qu'il est beaucoup plus pratique de réaliser de chez soi les conférences téléphoniques avec l'Asie ou les États-Unis qui, pour les Européens, ont souvent lieu très tôt le matin – ou très tard le soir- pour cause de décalage horaire. Signalons enfin que le temps de trajet entre le domicile et le bureau n'est pas comptabilisé dans le temps de travail : un(e) employé(e) qui travaille sans quitter sa maison aura plus de temps libre, et donc plus de marge de vie personnelle pour réaliser les activités qui lui plaisent (faire du sport, recevoir ses amis –et/ou son amant ou sa maîtresse, etc.) L'un des effets positifs du télétravail c'est que la fatigue de la fin de journée se voit considérablement réduite quand on enlève les pénibles allers-retours entre chez soi et le boulot.

CHAPITRE I : LE TELETRAVAIL – UN NOUVEAU PARADIGME

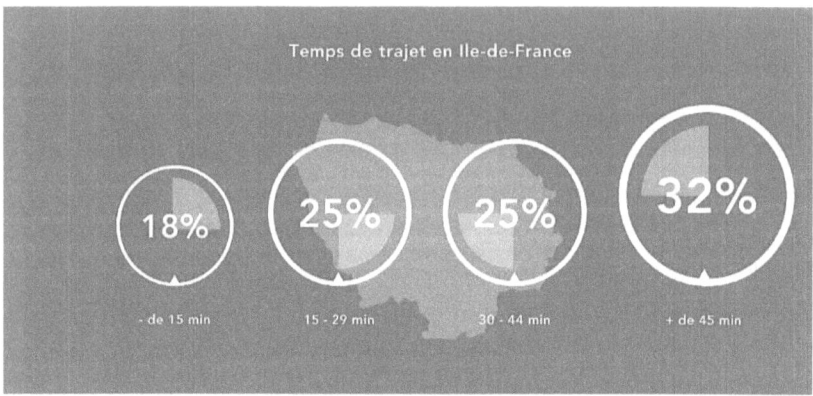

Figure 3: Le temps de trajet en Île de France (Randstad, 2014)

L'employé(e) ne peut alors que se sentir plus heureux(euse), et dans certains cas il ou elle finit même par apprécier tellement son travail que celui-ci est ensuite davantage considéré comme un passe-temps. Et le temps est justement ce qu'il y a de plus précieux au monde : il représente une authentique richesse pour qui a la chance d'en disposer. Le temps de faire du sport, d'être avec ses proches, le temps d'aimer, le temps de vivre... En un mot, le temps d'avoir du temps pour soi. Deux heures de trajet quotidien représentent dix heures hebdomadaires sur cinq jours travaillés, ce qui à son tour comptabilise 520 heures de trajets par an sur 52 semaines... Au bout du calcul, on voit que sur une année un travailleur moyen sacrifiera 21 journées entières de sa vie dans les transports pour se rendre à son travail. C'est là qu'une grande question se pose : est-ce qu'on travaille vraiment pour vivre, ou bien est-ce que finalement on vit pour travailler ? À ce stade il convient de ne jamais oublier que nous sommes tous les architectes de nos propres vies, et que chacun doit être libre de ses orientations personnelles et professionnelles. J'en parle plus largement dans le chapitre V de cet ouvrage. Si je devais citer deux inconvénients du télétravail, le premier serait la sédentarité poussée à l'extrême (cf. Chapitre II), et le deuxième serait que je lis moins de livres depuis que je n'ai plus de trajets à faire. En effet, selon une étude de la BBC (Belton, 2017), on peut lire beaucoup plus d'ouvrages pendant ces trajets dans les transports en commun.

CHAPITRE I : LE TELETRAVAIL – UN NOUVEAU PARADIGME

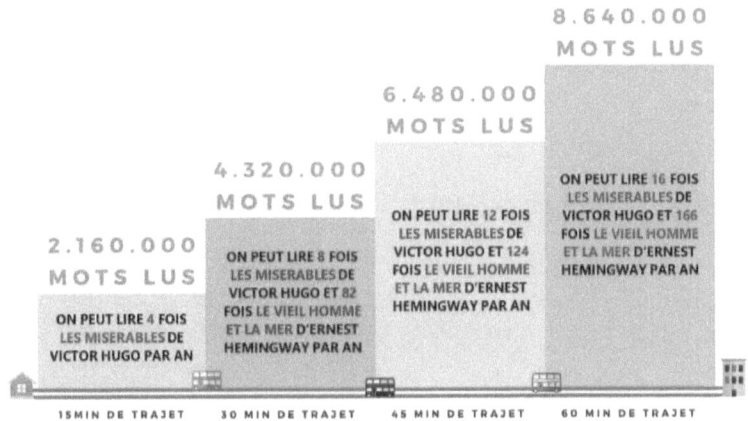

Figure 4: Ouvrages lus par trajet par an

En faisant l'hypothèse d'un trajet de 5 jours par semaine ; soit 48 semaines par an ; et moyennant le fait que l'on peut lire 300 mots par minute, on peut lire par an 16 fois Les Misérables de Victor Hugo et 166 fois le Vieil Homme à la Mer de Hemingway (Figure 4 : Ouvrages lus par trajet par an).

À l'heure où tout le monde « balance son porc », il est également intéressant de noter que le télétravail peut réduire les risques de harcèlement sexuel au travail... Tout au moins en ce qui concerne les approches « physiques ». En effet, si l'absence de contact direct élimine les attouchements non-consentis, personne n'est jamais réellement à l'abri de recevoir des propositions à connotation sexuelle...

Le télétravail peut d'ailleurs même donner lieu à d'autres types d'acharnement : du fait de mon prénom à consonance féminine, j'ai moi-même souvent reçu de certains collaborateurs des invitations pour des réunions en « face-à-face » ... rendez-vous qui étaient aussitôt annulés dès qu'ils apprenaient que j'étais en réalité un mec !

CHAPITRE I : LE TELETRAVAIL – UN NOUVEAU PARADIGME

Enfin, le télétravail est aussi et surtout un vrai salut pour les personnes handicapées avec une mobilité réduite, car il leur offre la possibilité de travailler d'où elles veulent, sans obligation quotidienne de déplacement.

CHAPITRE I : LE TELETRAVAIL – UN NOUVEAU PARADIGME

Le télétravail : évolution de l'employé(e) - un changement nécessaire à la vie pour changer notre histoire ?

Si les structures - organisations, entreprises, etc.- sont en permanente évolution, qu'est-ce qui pourrait encore empêcher aujourd'hui l'employé(e) moyen d'améliorer son quotidien en optant pour le télétravail ? Qui pourrait lui reprocher de vouloir organiser sa routine de travail autrement qu'autour du sempiternel « métro-boulot-dodo », et de ne plus reporter éternellement au lendemain, au week-end ou aux vacances les temps forts de sa vie sociale ? Comme le disait déjà très bien Albert Einstein, la folie c'est de s'attendre à un résultat différent en faisant toujours la même chose...

L'époque est plus que jamais propice, grâce à la technologie itinérante, pour tenter un changement : cela concerne toutes celles et ceux qui veulent privilégier la mobilité (travailler de tout lieu), la flexibilité (travailler selon ses horaires), et surtout enfin l'équilibre entre sa vie personnelle et professionnelle. Pour ma part, si je n'ai pas eu à attendre d'avoir de longs congés –ou l'âge de la retraite ! - pour voyager et découvrir le monde, c'est bien grâce au télétravail : tout en restant régulièrement connecté à l'hôtel j'ai pu entreprendre de véritables immersions en Australie ou encore en Amérique Latine, pour apprendre et pratiquer le Castillan –ainsi que pour découvrir les cultures locales. J'ai également pu visiter Vienne, Prague ou Florence, villes où j'ai eu l'opportunité d'assister à de grands opéras la nuit tout en travaillant le jour –avec des pauses opportunes pour savourer la gastronomie locale. J'ai aussi pu faire un tour d'une heure de l'Everest au Népal avec un avion express juste avant de commencer ma journée de télétravail, et j'en passe et des meilleurs. Ces voyages m'ont hissé vers de nouveaux domaines d'émotions, et m'ont donné une vision différente du monde que je n'avais jamais eue. J'étais enfin sorti de ma caverne pour contempler une lumière, belle et brillante, à laquelle il a fallu que je m'adapte... Et l'objectif de cet ouvrage est justement d'essayer de fournir les « clés » pour faciliter ce cheminement à d'autres.

CHAPITRE I : LE TELETRAVAIL – UN NOUVEAU PARADIGME

« Lorsque tu voyages, tu fais une expérience très pratique de l'acte de renaissance. Tu te trouves devant des situations complètement nouvelles, le jour passe plus lentement et, la plupart du temps, tu ne comprends pas la langue que parlent les gens. Exactement comme un enfant qui vient de sortir du ventre de sa mère. Dans ces conditions, tu te mets à accorder beaucoup plus d'importance à ce qui t'entoure parce que ta survie en dépend. Tu deviens plus accessible aux gens car ils pourront t'aider dans des situations difficiles. Et tu reçois la moindre faveur des Dieux avec une grande allégresse, comme s'il s'agissait d'un épisode dont on doit se souvenir sa vie restante. »

Le pèlerin de Compostelle - Paulo Coelho (Coelho, 1987)

La société évolue, le comportement humain - et notamment celui des consommateurs- a changé, et de nombreux seuils ont déjà été franchis. Les technologies deviennent accessibles, vives, et les services sont grandement facilités - y compris dans l'administration, puisque même la mairie de Paris (Henry, 2016) songe désormais très sérieusement à autoriser le télétravail pour ses employés ! Les machines elles-mêmes nous communiquent leurs propres données de fonctionnement grâce à l'émergence de l'Internet des Objets. C'est aujourd'hui l'ubiquité qui nous définit, avec la prolifération de téléphones et autres appareils intelligents. La musique s'écoute en ligne (Spotify, Apple Music, etc.), les appartements de particuliers deviennent des hôtels (AirBnB), les courses au supermarché se font online sans sortir de chez soi avec livraison en moins de deux heures (Amazon Prime), les réseaux d'économie collaborative et autres canaux de participation citoyenne sont en plein essor (autopartage, le crowdfunding, le couchsurfing, crowdsourcing comme Wikipédia, etc.), et des millions de gens - séduits notamment par leur gratuité- se sont déjà inscrits à un ou plusieurs MOOC (acronyme de Massive Open Online Courses , « cours en ligne ouverts et massifs »). D'ailleurs le parti politique En Marche d'Emmanuel Macron a lui aussi mis en place un MOOC - intitulé « Agir près de chez moi » - afin d'apporter à tous les citoyens les outils et connaissances nécessaires pour qu'ils puissent commencer à s'organiser ensemble, de manière locale. On entre même dans une nouvelle société à « coût marginal zéro », selon l'idée développée par Jeremy Rifkin dans son ouvrage homonyme (Rifkin, 2014) : pour donner un exemple représentatif, le coût marginal de production et de distribution d'un livre numérique s'approche en général du néant, car commercialiser et expédier chaque exemplaire est pratiquement gratuit – les seuls investissements économiques correspondant au temps passé à créer le produit, au prix du matériel informatique et de la connexion à Internet. Dans un autre registre, il faut d'ores et déjà assimiler que les voitures strictement autonomes et sans conducteur – comme la Google Car- vont inéluctablement devenir la réalité de demain.

De nombreux ouvrages se réfèrent déjà à ces changements conjoncturaux, et pour celles et ceux qui voudraient en savoir plus sur ce sujet je conseille tout particulièrement le « Petit traité des tendances sociétales », de Martine Clerckx (Clerckx, 2011), ainsi que le numéro spécial Sciences et Avenir de Novembre 2017 : ces deux recueils résument en effet parfaitement, à mon sens, cette évolution rapide de nos sociétés. En ce qui me concerne, je vais plutôt m'intéresser ici à cette évolution à l'échelle du salarié : celui-là-même qui, très récemment encore, devait se rendre au siège de son entreprise pour gagner sa vie en compagnie de tous ses autres collègues, et qui peut aujourd'hui parvenir aux mêmes résultats en travaillant de n'importe où, par le biais de tout type d'appareils, et parfois sans jamais rencontrer en chair et en os ses collaborateurs, clients, ni même supérieurs hiérarchiques.

CHAPITRE I : LE TELETRAVAIL – UN NOUVEAU PARADIGME

« Rappelez-vous que si vous ne réfléchissez pas à l'avenir du travail, et si vous ne le préparez pas, votre organisation n'aura pas d'avenir. »

Jacob Morgan

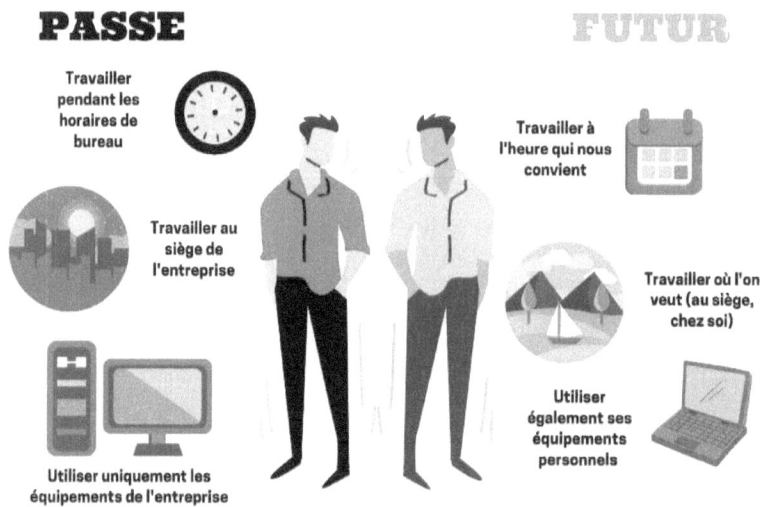

Figure 5: L'évolution de l'employé, (Morgan, 2014)

L'image (Figure 5 : L'évolution de l'employé(e) (Morgan, 2014)) illustre, d'après le point de vue de Jacob Morgan, l'évolution de l'employé : le « flexi-travail » -c'est-à-dire la libre gestion du temps et de l'espace de travail- est déjà la tendance d'aujourd'hui, et sera la norme de demain.

En considérant la place croissante qu'occupe actuellement le télétravail dans la société, ce n'est pas un hasard que certains pays – comme la France - cherchent à mieux l'encadrer en adaptant leur législation. Par exemple, la télémédecine et la téléconsultation - à savoir le traitement à distance du patient- ne sont plus freinées aujourd'hui par

CHAPITRE I : LE TELETRAVAIL – UN NOUVEAU PARADIGME

la technologie, et se pratiquent de plus en plus sur le territoire Français - notamment pour lutter contre le phénomène des déserts médicaux dans les zones rurales. Selon le journal britannique The Independent – numéro du 04 Juin 2015 - le Royaume-Uni compterait 4,2 millions de télétravailleurs, un nombre en constante augmentation. Ce chiffre représente 13,7% des salariés sujets de la Reine. Il parait que, nous les Français, serions en retard sur le télétravail avec seulement 16,7% des travailleurs (Change the work, 2017), qui télétravaillent au moins un jour par semaine.

Les entrepreneurs ont aujourd'hui eux aussi le choix de se mouvoir, de changer de direction, de travailler à l'endroit qui leur semble le plus approprié, que ce soit pour leur business ou pour leur vie sociale. Il n'est désormais plus rare de voir des coaches sportifs s'occuper de leurs clients à distance, leur faisant réaliser les programmes d'entraînement par écran interposé... Le temps où il était indispensable d'aller à la salle de sport pour suivre une routine d'exercices semble bel et bien révolu. Logiquement, les employés des entreprises aspirent à en faire de même, voire même à prendre des risques, à penser autrement au sein de l'entreprise –et, bien entendu, à pouvoir choisir leur lieu de travail.

Car si même les médecins, responsables de vies humaines, peuvent maintenant travailler de n'importe où grâce à la technologie qui leur permet d'ausculter leurs patients à distance, les employés des entreprises ne sont bien évidemment pas en reste et peuvent en faire tout autant. De la même façon que les professionnels de santé peuvent s'échanger les données à travers les applications des appareils mobiles, sans se rencontrer, cette réalité est d'autant plus présente entre les employés de différentes entreprises. Le monde évolue, et le profil des employés change au fil des générations. J'ai essayé de capter les quelques caractéristiques différentielles de chaque génération dans les figures qui suivent.

CHAPITRE I : LE TELETRAVAIL – UN NOUVEAU PARADIGME

Ce changement dans la façon de faire son activité professionnelle, avec l'avènement du télétravail, va d'ailleurs tellement vite que l'employé(e) ou l'entrepreneur(e) peut se sentir dépassé(e), voire déconnecté(e), dans le cas où il ou elle n'aurait pas eu le temps de les assimiler – voire même, en quelque sorte, de les « apprivoiser ». En l'absence des formations qui devraient nécessairement accompagner cette révolution, les usagers risquent de manquer de repères, de cadres et de structures bien définies pour pouvoir l'appliquer. En effet le professionnalisme ne suffit pas à garantir une interaction virtuelle efficace quand le ou la salarié(e) avait auparavant l'habitude de développer ses relations en face-à-face -et il en va d'ailleurs de même pour les consultations à distance entre patients et médecins. L'idée du télétravail séduit bien des entreprises – et surtout les employés - mais chacun doit prendre conscience qu'il est indispensable de développer au préalable les compétences virtuelles. On ne peut pas « jeter » de but en blanc un groupe d'individus en plein cœur d'une conférence vidéo ou téléphonique, et prétendre qu'ils y soient aussi efficaces que lors des réunions traditionnelles auxquelles ils assistaient jusqu'ici. L'exemple est le même pour le médecin qui, habitué à palper et à toucher, va devoir apprendre d'autres techniques pour pouvoir dresser son diagnostic à distance.

CHAPITRE I : LE TELETRAVAIL – UN NOUVEAU PARADIGME

Caractéristiques de la génération
L'éthique du travail repose sur l'engagement, la conformité et la responsabilité
Respect des règles et de l'autorité
Profite de la retraite

CHAPITRE I : LE TELETRAVAIL – UN NOUVEAU PARADIGME

Caractéristiques de la génération
Internet savvy
Recherche un emploi ou juste une carrière
Travaille de longues heures
Indépendant
Lutte avec l'équilibre vie professionnelle/ vie personnelle
Hyper-performant / Multi-tâches

CHAPITRE I : LE TELETRAVAIL – UN NOUVEAU PARADIGME

Caractéristiques de la génération
Internet savvy
Aime les risques
Pas de loyauté envers la corporation
Plus entrepreneur et peu enclin à se conformer aux exigences des entreprises
Désir d'être reconnu pour ses compétences
Demande plus de feedback et de coaching

CHAPITRE I : LE TELETRAVAIL – UN NOUVEAU PARADIGME

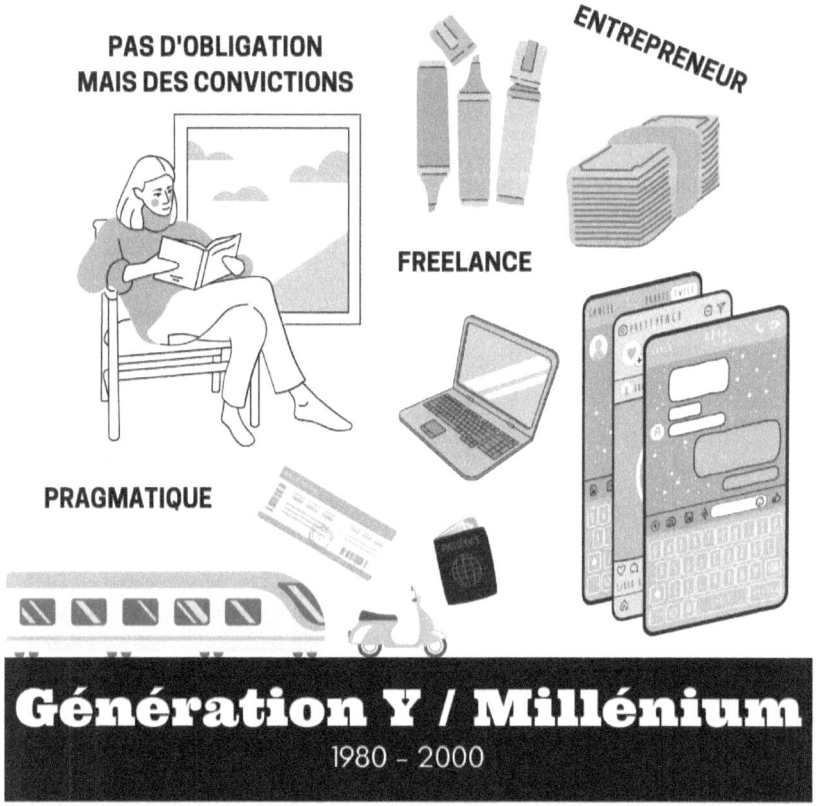

Génération Y / Millénium
1980 – 2000

Caractéristiques de la génération

Elevé dans le confort avec internet
Travaille selon ses propres termes, peut être un salarié bénévole
Rejoint une organisation parce que quelque chose d'important s'y passe
Adepte des réseaux sociaux et des nouvelles technologies
Moins fidèle à l'entreprise
Pragmatique et travailleur

CHAPITRE I : LE TELETRAVAIL – UN NOUVEAU PARADIGME

Détailler et évaluer ces différentes étapes et particularités d'adaptation est justement l'objectif principal de cet ouvrage, démarré comme un essai personnel autour de cas pratiques de télétravail et sur la base de mes 10 années d'expérience professionnelle dans ce domaine : un parcours au cours duquel je me suis toujours trouvé loin de mes collaborateurs, de mon équipe, de mes dirigeants et/ou de mes clients. J'ai en effet eu l'opportunité d'exercer, en télétravail, des fonctions de directeur de projets ou de programmes, et les équipes et clients que je gérais alors -tous « virtuels et multiculturels » - étaient localisés dans différentes parties du monde (Nouvelle Zélande, Australie, Singapour, Malaisie, USA, Émirats Arabes Unis, Royaume-Uni, etc.) D'ailleurs j'illustrerai la fin de chaque chapitre par une image représentative de tous les pays que j'ai pu visiter (visa d'entrée, carte d'embarquement, etc.) : loin de toute intention d'ostentation ou d'arrogance, mon idée est juste de démontrer à mes lecteurs qu'il est possible de travailler tout en voyageant -et qu'il n'est pas forcément nécessaire d'attendre la retraite pour découvrir le monde.

Je reconnais en effet être animé par le « *wanderlust* » -un terme Allemand qui pourrait se traduire par « l'envie d'aller voir ailleurs si j'y suis » - la passion d'explorer d'autres contrées et de m'imprégner d'autres cultures, et c'est bien le télétravail qui m'a permis de faire cela - tout en continuant à gagner ma vie. Et pour celles et ceux qui pourraient avoir des doutes sur la qualité d'un travail fourni dans de telles conditions, je peux assurer que tous mes clients - de Alcatel Lucent à AT&T, en passant par Shell- ont toujours été pleinement satisfaits de mes services, louant à chaque fois mes résultats et mes performances – même

CHAPITRE I : LE TELETRAVAIL – UN NOUVEAU PARADIGME

si j'opérais donc depuis n'importe quel recoin du monde, et toujours loin du siège de l'entreprise.

Les employeurs doivent désormais tenir compte du fait que les actifs – surtout de la génération Millénial- apprécient de plus en plus de pouvoir associer la mobilité et les voyages à leurs occupations professionnelles - sans oublier que ce type d'employé est par définition moins « fidèle », n'hésitant généralement pas à « aller voir ailleurs s'il y est », car c'est justement ce qui répond à sa motivation.

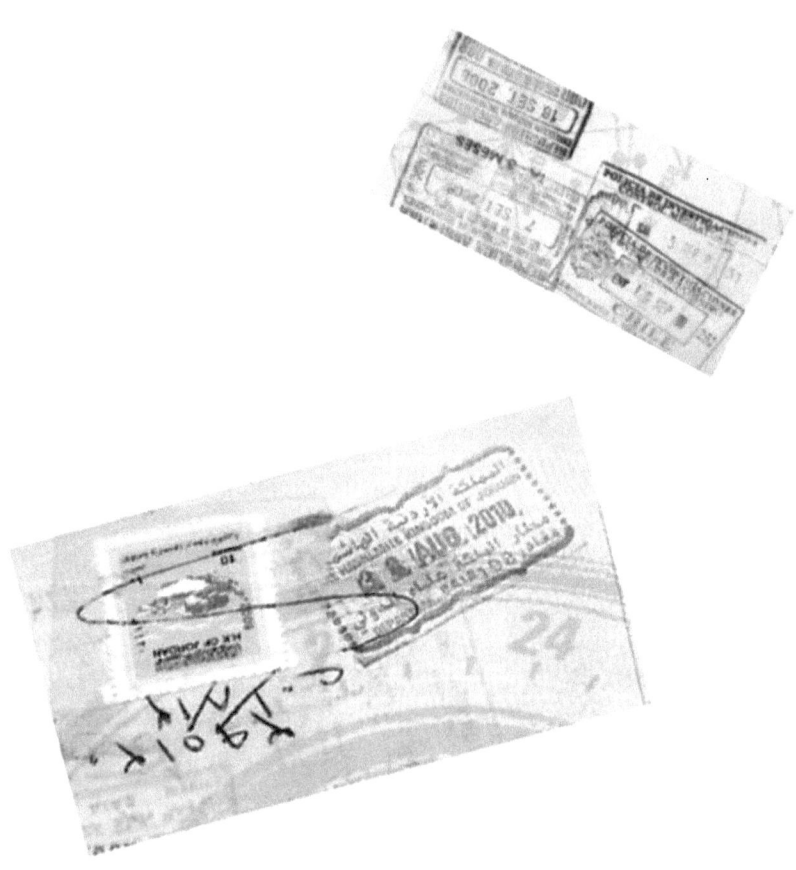

Chapitre II - Ajustements personnels

Trouver sa place dans ce monde est le défi le plus difficile que nous ayons à relever. Certains la trouvent tandis que d'autres restent toujours à sa recherche, mais cela n'est réalisable qu'à partir du moment où on s'en donne les moyens. Avec l'exigence incessante de changement qui caractérise notre époque, il faut savoir « muer » pour s'adapter afin d'atteindre nos objectifs de demain. En n'oubliant pas que les bonnes choses viennent à ceux qui savent attendre, et les grandes choses à ceux qui se retroussent les manches et qui font tout, en prenant des risques, pour y arriver. On a l'habitude de dire qu'on a de la chance quand notre préparation rencontre du succès ; mais il faut être prêt à ajuster continuellement toutes les variables de notre vie pour atteindre cette réussite.

La vie devrait être simple, et pourtant elle m'apparaît comme une suite d'ajustements dans notre recherche permanente d'un certain équilibre. Nous avons tous une histoire personnelle, parfois compliquée, et c'est à chacun de savoir comment l'adapter aux événements de l'existence –tout comme au télétravail. Dans les paragraphes qui suivent je vais offrir quelques éléments de réponses sur les ajustements personnels qui sont nécessaires, aussi bien pour atteindre la plénitude et le bien-être, que pour profiter pleinement du télétravail ou trouver son rythme de croisière au sein d'un rendement professionnel plus efficace à distance.

Objectifs personnels et ambitions

> « *Voudriez-vous me dire, s'il vous plaît, par où je dois m'en aller d'ici ?*
> *- Cela dépend beaucoup de l'endroit où tu veux aller.*
> *- Peu importe l'endroit...*
> *- En ce cas, peu importe la route que tu prendras.*
> *- ... pourvu que j'arrive quelque part* »
>
> *Alice aux pays des merveilles - Lewis Carroll*

Une vie sans objectif me paraît comme une vie vide de sens. Le choix d'une carrière, aussi flamboyante soit-elle, ne peut être qu'un outil pour atteindre notre objectif : vivre une bonne vie. Je pense qu'il faut toujours avoir une vision simple et claire de ce que nous voulons dans l'existence : peu importe que cette visualisation soit à court, à moyen ou à long terme, mais il faut savoir où nous allons sous peine de risquer de n'arriver nulle part. Nos propres objectifs et ambitions personnels doivent nous inspirer dans ce que nous faisons au quotidien. Ceux qui

CHAPITRE II : AJUSTEMENTS PERSONNELS

ont réussi dans la vie ont tous en commun une chose : une vision. Thomas Pesquet a eu cette vision dès son plus jeune âge (voir photo-ci-dessous). Ne pas avoir cette vision signifie que nous vivons notre vie au jour le jour et que nous ne gérons que le temps immédiat. Il n'y a cependant aucun mal à cela, mais dans ce cas il faut savoir être intelligent dans les réponses que nous apportons à chaque événement de l'existence.

Thomas Pesquet
@Thom_astro

Très bonne année 2018 à tous !! 🎉🎊 Meilleure résolution : travailler pour réaliser ses rêves ! Les miens ont commencé à 3 ans dans une navette en carton, et m'ont amené en 2017 jusque dans l'ISS ! Au boulot pour qu'ils ne s'arrêtent pas là !!

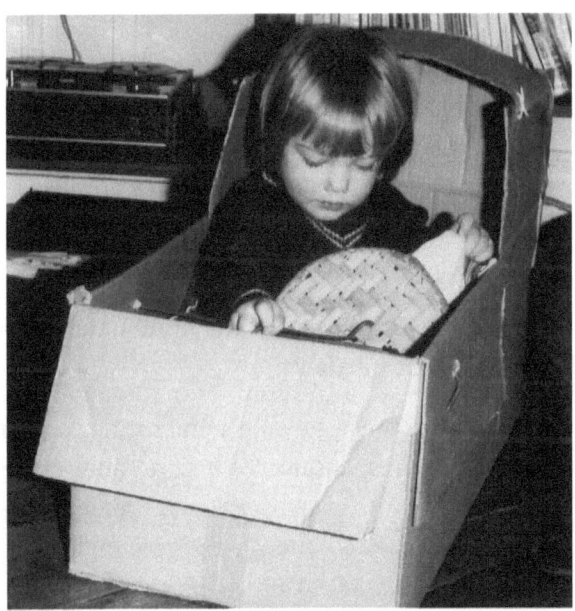

CHAPITRE II : AJUSTEMENTS PERSONNELS

Car le plus important n'est pas tant ce que nous offre la vie, mais plutôt ce que nous faisons ensuite de ces opportunités. Nous sommes tous responsables, non seulement de choisir notre propre vision pour le futur, mais également de préparer aujourd'hui ce que nous voulons être demain.

Afin d'être en mesure de mieux comprendre où nous en sommes aujourd'hui et de définir quels sont les pas qui nous mèneront dans la bonne direction -ou quels sont ceux qui nous en dévieront- Stephen Covey, dans les 7 habitudes des gens efficaces (Covey, 2013), nous invite à garder notre objectif en tête. Il nous invite ainsi à imaginer notre propre enterrement et à réfléchir attentivement à ce que nous aimerions que notre famille, nos amis, nos collègues et notre communauté disent de nous. C'est, selon lui, ce qui nous donnera la direction à suivre. Sa conclusion est que l'on n'est véritablement efficace que lorsqu'on prend en considération la finalité.

En mettant à exécution ses rêves au travers de stratégies et d'actions concrètes, on se rend soudain compte de toutes les possibilités qui s'offrent à nous -et qu'une seule vie ne suffirait probablement pas à réaliser dans leur ensemble. Et pour celles et ceux qui n'auraient pas de vision précise ni d'objectifs clairement définis dans l'existence, la section ci-dessous pourra peut-être leur apporter des éléments de réponses.

Quelle est la phrase qui me définit et qui me motive dans la vie ? Est-ce que le télétravail en fait partie ?

Ce qui nous motive dans la vie est en général moins l'argent que l'opportunité de grandir, d'être responsable, ou encore l'autoréalisation. Si nous voulons vraiment connaître nos aspirations profondes, Daniel Pink -dans son ouvrage Drive (Pink, 2009) - suggère qu'il nous faut répondre à deux questions essentielles susceptibles de changer notre carrière, notre business et même notre vie. La première question est la suivante : « *Quelle est la phrase qui me définit le mieux ?* », et la réponse nous marquera ensuite un cap vers lequel faire naviguer notre existence.

CHAPITRE II : AJUSTEMENTS PERSONNELS

Ce même auteur poursuit alors son raisonnement en disant que, pour que cette première question prenne vraiment un sens et nous motive au quotidien, il faut lui en associer une seconde, que nous devons nous poser tous les soirs avant de nous endormir : « Est-ce que j'ai fait mieux aujourd'hui qu'hier ? ». Selon lui c'est ainsi, en se posant chaque jour ces questions, que l'on parvient à s'améliorer. Je vous invite par ailleurs à regarder sa vidéo (Bestselling author Daniel H. Pink on motivation) pour vous faire une meilleure idée de sa méthode. Moi personnellement, pour répondre à la première question : quelle est la phrase qui me définit le mieux ? je dirais que j'aime travailler mes points faibles et que j'aime également approfondir les expériences où il ne faut jamais rester à la surface de choses, quitte à échouer.

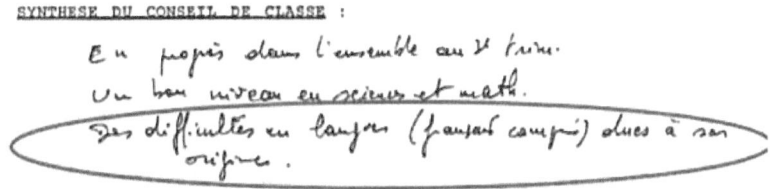

Figure 6 : Synthèse du conseil de classe

A la seconde question : si j'ai fait mieux aujourd'hui qu'hier ? Je répondrai en prenant du recul sur mon parcours jusqu'ici. J'ai travaillé dur pour m'améliorer en langues, alors que c'était mal parti pour moi au vu de la synthèse du conseil de ma classe de Seconde au Lycée (Figure 6). J'ai appris les langues comme l'anglais ou l'espagnol en plus du français -j'en parle quatre couramment aujourd'hui- alors que je n'étais initialement pas doué et que je n'avais jamais eu la moyenne à l'école. J'ai également multiplié les expériences approfondies dans de nombreux et très variés secteurs d'activités : depuis les banques (Fortis Bank, devenue BNP) jusqu'à l'industrie du pétrole et du gaz (Shell), en passant par le secteur public (CNRS) ou encore le secteur de la Technologie de l'Information et de la Communication (AT&T, Atos Origin, Alcatel Lucent, HP, etc.) Et au cours de cette trajectoire, le télétravail m'a

CHAPITRE II : AJUSTEMENTS PERSONNELS

notamment permis d'approfondir tous les domaines qui m'intéressaient. Chacun d'entre nous définit une hiérarchie de ses ambitions, qui lui est propre : chaque individu possède sa propre réponse à apporter sur ce qui le motive vraiment dans la vie, et chaque personne devrait savoir si le télétravail peut contribuer à nourrir ses ambitions.

« Parfois, on dit : « On aurait presque pu... » Là, c'est la phrase triste des adultes qui n'ont gardé en équilibre sur la boîte de Pandore que la nostalgie. Mais il y a des jours où l'on cueille le jour au moment flottant des possibles, au moment fragile d'une hésitation honnête, sans orienter à l'avance le fléau de la balance. Il y a des jours où l'on pourrait presque. »

La première gorgée de bière et autres plaisirs minuscules –
Philippe Delerm

Le bonheur est un état de plénitude qui s'exprime sous différentes formes selon nos ambitions personnelles. Grâce au télétravail, chacun peut organiser ses propres horaires et ainsi construire pleinement sa vie autour des objectifs qu'il se fixe. Ce qu'il faut pour télétravailler, c'est simplement un endroit tranquille avec une connexion Internet haut débit qui permettra une interaction « virtuelle » avec nos collaborateurs, clients et sous-traitants. Je trouve l'expression « tout est dans notre tête » tellement vraie... c'est en effet de là que viennent nos rêves ou nos visions, et c'est aussi là que nous traduisons nos objectifs par des actions. Cet enchaînement stratégique, de vision à actions, trace notre chemin et nous permet de donner le sens que nous souhaitons à l'histoire de notre vie. Il y a des gens qui passent toute leur vie à avoir des visions pour eux-mêmes mais qui les laissent s'échapper - faute de courage peut-être - pensant ne pas avoir les moyens de les transformer en actions ni de définir la voie adéquate pour les atteindre, alors que le plus important, c'est justement cette trajectoire de la pensée : il vaut mieux s'engager sur ce chemin -quand bien même on en dévie parfois quelque peu- que de renoncer et regretter par la suite de ne même pas avoir essayé. Prenons comme exemple Christophe Colomb ou encore Alexander Fleming : ils avaient initialement d'autres objectifs que de découvrir respectivement l'Amérique ou la pénicilline... La sérendipité est un ingrédient essentiel à la découverte/création (réussite) et peut jouer un facteur positif dans notre vie, à condition d'essayer d'emprunter le chemin que nous nous sommes défini.

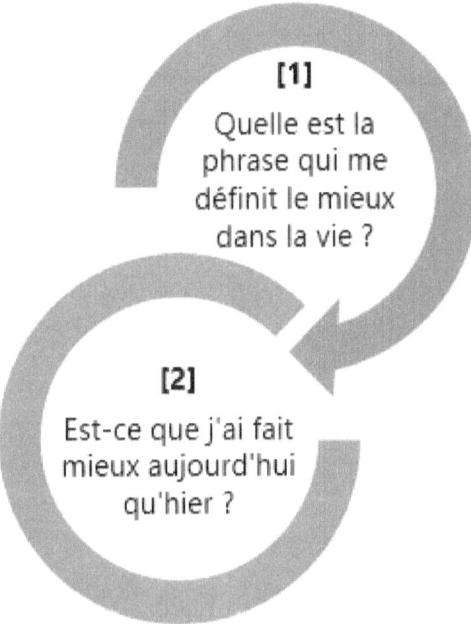

Figure 7 : Les deux questions sur la motivation selon Daniel Pink (Pink, 2009)

En effet, notre vie peut prendre un tout autre sens grâce à des rencontres impromptues ou des évènements inattendus, mais pour les provoquer, encore faut-il être dans l'action. Les laboratoires Pfizer cherchaient un médicament pour traiter l'angine de poitrine et ils ont observé que ce médicament avait pour effet secondaire de provoquer

CHAPITRE II : AJUSTEMENTS PERSONNELS

l'érection chez les hommes... Et c'est ainsi qu'est né le Viagra, qui devait par la suite changer la vie de nombreux couples.

> *« Me v'la donc au milieu de ma vie*
> *et j'y suis toujours seul...*
> *Cette chambre est un taudis jour et nuit*
> *et ça s'lit sur ma gueule...*
> *Comme si je n'avais rien appris*
> *Comme si je naissais aujourd'hui*
> *Sans doute telle est ma vie...*
> *Quarante cloches sonnent à ma porte*
> *et m'apportent la récré*
> *Les heures résonnent sans raison*
> *et t'empêchent d'arriver*
> *Mais qu'est-ce que j'ai fait pour en être là*
> *J'ai tout fait pour changer mais voilà*
> *Sans doute telle est ma vie »*
>
> Telle est ma vie, Louis Bertignac

Il faut savoir décomposer nos objectifs, ou nos rêves, en plusieurs buts intermédiaires, souvent moins ambitieux et donc plus facile à atteindre.

En effet, les objectifs que nous nous fixons ont tendance à être vastes et nous risquons de passer à côté si nous n'étudions pas les moyens de les atteindre. Si notre rêve est de gravir la montagne la plus haute du monde, il faut savoir le découper en plusieurs morceaux qui peuvent correspondre à « être physiquement en forme », mais aussi « avoir les moyens financiers » ou encore « disposer du temps » pour le faire.

CHAPITRE II : AJUSTEMENTS PERSONNELS

Il faut savoir visionner nos objectifs pour les 2 ans, 5 ans et 10 ans à venir afin de changer notre histoire et d'écrire différents chapitres de notre vie. Ces visions doivent prendre en compte les risques car les grandes réussites comme le grand amour impliquent de grandes prises de risques. Il ne faut pas craindre les échecs qui sont souvent précurseurs de réussite et il ne faut pas oublier que sans obstination et persévérance, il n'y a pas de réussite. Sans vision pour son futur et sans prise de risques, on risque justement de vivre une vie trop prévisible, monotone et sans saveur. Quand on regarde derrière soi, rien ne fait plus mal que de se poser la question de ce que l'on a fait pour en arriver là durant les 2, 5, 10 dernières années.

> *« Dans vingt ans vous serez plus déçus par les choses que vous n'avez pas faites que par celles que vous avez faites.*
> *Alors sortez des sentiers battus. Mettez les voiles.*
> *Explorez. Rêvez. Découvrez. »*
>
> *Mark Twain*

Sans action, on aura vécu toujours la même histoire, écrit les mêmes pages et chapitres de notre existence, sauf que le temps irréversible lui- aura continué… Tandis qu'en ce qui nous concerne nous serons déjà peut-être passés à côté de notre vie. Nous serions alors comme enchaînés et immobilisés dans une caverne sombre, condamnés à contempler notre ombre. Le monde paraît bien obscur quand on ferme les yeux aux changements et aux opportunités offerts par l'existence !

> *« Les gagnants n'ont pas peur d'échouer. Mais les perdants si. L'échec fait partie du processus de réussite. Les gens qui évitent l'échec évitent aussi le succès. »*
>
> *Père riche Père pauvre - Robert T. Kiyosaki (T.Kiyosaki, 1997)*

Ces objectifs à courts, moyens et longs termes vont nous servir de guides tout au long de notre chemin, et ils ont l'avantage de nous rendre proactif -au lieu d'être toujours réactif aux événements. Ces buts à atteindre nous donnent un sens et des indications sur le chemin que l'on veut prendre dans notre vie. Certains, comme moi, ont choisi le télétravail comme stratégie pour atteindre un objectif qui est celui de pouvoir travailler où ils le souhaitent et quand ils le souhaitent. Le télétravail peut être très dur, car il est solitaire, mais il faut garder en tête les raisons pour lesquelles on veut être en télétravail : l'atteinte de nos objectifs.

Quelle est ma stratégie pour atteindre mes objectifs dans la vie ? Comment changer mon histoire ?

On vient de voir qu'il est très important d'avoir une vision et de la décomposer en plusieurs objectifs pour définir un plan d'action dont la stratégie, étape par étape, tend vers la réalisation de ces objectifs intermédiaires. Sans cette vision, la vie paraît éminemment creuse. Il est important aussi de savoir que chacun est responsable de sa propre vision de futur, et que personne d'autre ne peut la définir à notre place. En effet, comment un responsable des ressources humaines, un coach, ou même un autre « gourou » de la vie pourrait-il savoir mieux que nous-mêmes ce que nous voulons réellement faire, au fond de nous ? Ils ne sont là que pour nous donner les moyens d'arriver à la destination que nous nous serons tracée. Une bonne stratégie est nécessaire pour chacun de nos objectifs personnels, sans quoi le chemin risque d'être particulièrement complexe et stressant. Avoir un bon plan nous permet de garder un meilleur contrôle sur notre vie, et nous évite de naviguer à vue au gré des événements.

CHAPITRE II : AJUSTEMENTS PERSONNELS

« Mon avenir à moi, est déjà tout tracé boîtes privées, Sciences Po, l'ENA ou HEC. Et dans le pire des cas, si je ne travaille pas faudra que je reprenne la boîte de papa. »

Auteuil Neuilly Passy, Les Inconnus

À l'inverse, l'absence de stratégie risque de mener à une perte de contrôle, susceptible à son tour d'engendrer un sentiment d'impuissance et de frustration, le fameux sentiment de subir constamment les événements extérieurs.

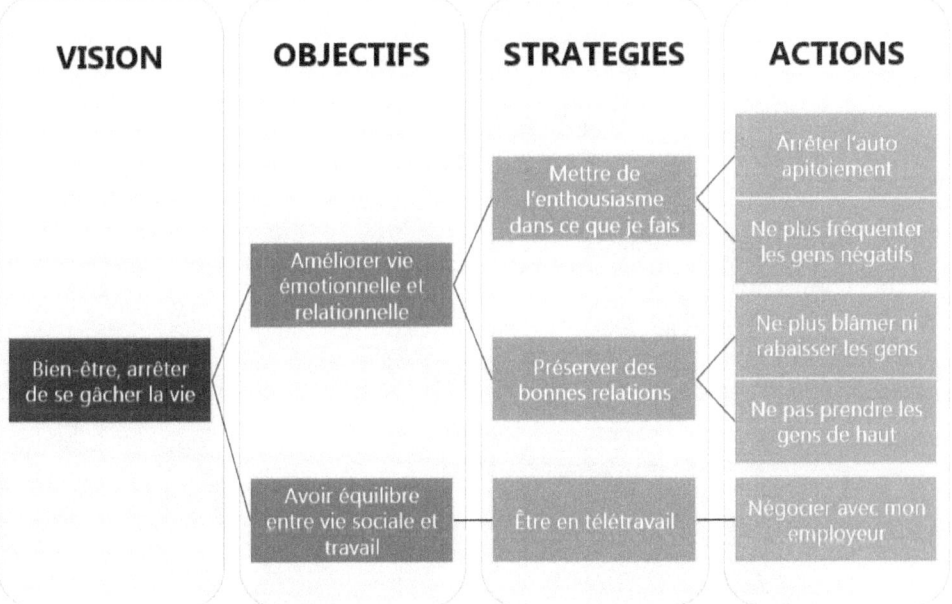

Figure 8 : Décomposition de la vision stratégique en action

Pire encore, on commencerait alors à blâmer les autres, leur reprochant le cours pris par notre propre existence. La stratégie de vie, définie par chacun, détermine la distribution respective de notre temps personnel, de notre énergie et de notre talent.

CHAPITRE II : AJUSTEMENTS PERSONNELS

Une fois définie, chacune des stratégies doit être décomposée en actions concrètes, qui peuvent à leur tour être divisées jusqu'à obtenir des tâches que l'on pourra ensuite mesurer afin de mieux gérer les progrès.

« Si l'on avance avec confiance dans la direction de ses rêves, si l'on s'efforce de vivre la vie que l'on a imaginée, on rencontrera un succès inespéré dans la vie ordinaire. »

Henry David THOREAU

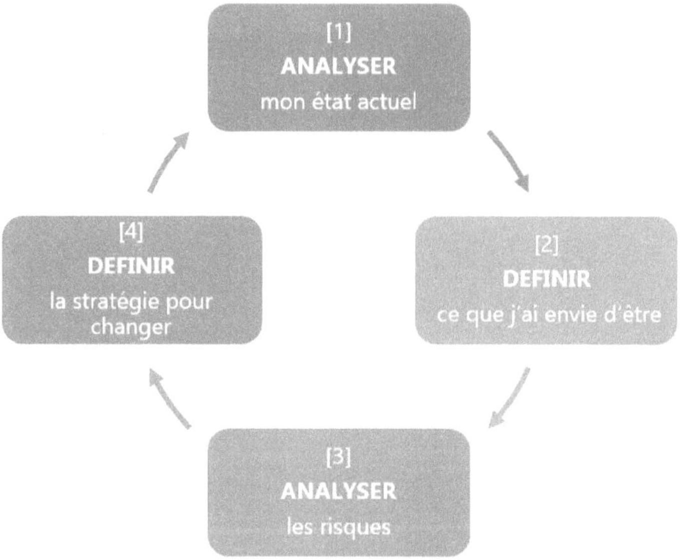

Figure 9 : Comment définir sa stratégie de vie - Un cycle perpétuel

Si on ne sait pas évaluer les choses, il sera difficile d'y apporter les actions préventives et/ou correctives nécessaires à l'obtention du résultat escompté. Et, mis à part les irrationnels ou les impulsifs -qui ne se contrôlent pas, ou qui fonctionnent de manière imprévisible- nous

CHAPITRE II : AJUSTEMENTS PERSONNELS

procédons tous plus ou moins de la façon suivante pour élaborer une stratégie :

1. **Analyser notre situation actuelle** : faire un état des lieux, un bilan de notre vie. Est-ce que je suis heureux ? Est-ce que je fais trop d'heures au travail ? Qu'est-ce qui me manque dans la vie ? Est-ce que j'ai des ambitions ? Est-ce que je fais vraiment ce dont j'ai toujours rêvé et est-ce que cela m'apporte la plénitude ? Il y a ceux qui font de la méditation 15 minutes par jour pour se poser ce genre de questions, et il y a ceux qui le font pendant les randonnées ou les promenades en ville : chacun sa méthode, le plus important étant de ne pas éluder ces réflexions.

2. **Définir ce que j'ai envie d'être ou ce que je souhaite être** : définir ses objectifs. Est-ce que j'ai envie de travailler moins ou d'arrêter complètement de travailler ? Est-ce que j'ai envie de faire plus de voyages ? Est-ce que j'ai envie de faire du social, de rentrer en politique ou de faire de l'humanitaire ? Est-ce que j'ai envie de créer ma propre entreprise ? Ne pas savoir ce que l'on veut, et/ou vivre dans une indécision perpétuelle, procure un sentiment insupportable. Chacun devrait investir son temps, son talent et son énergie, dès aujourd'hui, dans une entreprise qui lui permette d'accéder à ses objectifs existentiels. Dans le cas contraire, le risque est grand de passer à côté de sa vie !

3. **Analyser les risques** : quels sont les dangers qui me guettent si j'entreprends ce que j'ai envie de faire ? À ne rien faire, le risque est de voir nos désirs et nos ambitions mourir lentement. Le pire dans cette vie n'est en effet pas la mort, mais de voir s'effriter inexorablement et petit à petit, à l'intérieur de nous-même, chacun de nos objectifs, chacune de nos ambitions, chacun de nos rêves. D'où l'importance de savoir analyser les risques, et définir les solutions pour les atténuer.

4. **Définir la stratégie pour changer** : on sait où l'on est, où l'on veut aller et on connaît les risques pour y arriver. Il reste maintenant à définir la stratégie pour changer. Les gens sont souvent bloqués dans cette étape alors que c'est certainement la plus simple. Il suffit de mettre sur le papier ce qu'on a préalablement défini. Le plus difficile, en réalité, c'est d'exécuter ensuite ce plan, car il faut avoir toute la volonté du monde, la force et la foi pour mettre en marche chacune des actions établies.

Greg et Rachel (Strutner, 2017) ont changé l'histoire de leurs vies en suivant leurs rêves. Ils ont tout quitté après leur mariage car ils ne voulaient pas être enfermés dans le train-train du prêt immobilier, de la grosse voiture, de l'endettement etc. Ils ont visité trente-trois pays et ont eu sept enfants. Leur vision était de vivre leur vie comme une épopée et de faire bouger les choses. Ils ont défini la stratégie du travail à distance pour gagner leur vie, et du *slow travel* pour prendre leur temps en voyageant.

CHAPITRE II : AJUSTEMENTS PERSONNELS

Le télétravail est-il la bonne stratégie : celle qui me permettra d'atteindre mes objectifs personnels et mes ambitions ?

Avant tout, il faut rappeler que la question ne se posera pas forcément pour ceux qui n'ont pas la possibilité de faire du télétravail, de par la nature de leur métier ou bien parce que la loi en vigueur dans leur entreprise ne leur permet pas. Dans ce cas, il faudra, au préalable, mettre en place une stratégie pour changer d'emploi ou négocier ce changement de statut avec son employeur.

« Toutes les actions comportent une part de risque. La prudence ne consiste pas à éviter le danger (c'est impossible) mais à calculer les risques et à agir avec détermination. Commettez des erreurs par ambition, non par paresse. Développez la force de faire des choses osées, pas la force de souffrir »

Machiavel

Je rappelle que le choix du télétravail ne peut être qu'une stratégie parmi d'autres pour atteindre notre objectif de vie : ce n'est pas une fin en soi, mais plutôt un moyen qui contribue à l'exécution de notre plan existentiel.

La vie serait ennuyeuse si nous suivions tous les mêmes règles, et si nous faisions tous la même chose. Pour certaines personnes, le télétravail n'est définitivement pas la bonne stratégie à suivre : par exemple, encore aujourd'hui, celles et ceux qui ont de grandes ambitions de carrière dans leurs entreprises (devenir membre du conseil d'administration, voire Directeur Général ou Président) se doivent d'y être présents au quotidien. Le télétravail ne favorise en effet pas les promotions ou les ascensions verticales, car vouloir travailler depuis chez soi, ou de partout dans le monde loin de ses collaborateurs, est encore trop souvent synonyme de manque d'ambition. Là encore, chacun devra fixer ses propres aspirations personnelles ! Une progression

CHAPITRE II : AJUSTEMENTS PERSONNELS

latérale -au lieu de verticale- peut également être source de satisfaction car on rajoute alors une dimension supplémentaire à notre carrière, et surtout à notre vie personnelle : Cela revient à apprendre, désapprendre, réapprendre, pour finalement se développer.

Pour ceux qui décident de sauter le pas, il est très important de savoir pourquoi on veut faire du télétravail. Les raisons varient d'une personne à l'autre : Certains font ce choix car ils veulent être près de leur famille, s'occuper en même temps de leurs enfants, d'autres souhaitent voyager et parcourir le monde tout en continuant de gagner leur vie…

> *« J'ai appris que l'on pouvait presque toujours voir le bon côté des choses, pourvu que l'on prenne la décision de le faire. »*
>
> *Anne…la maison au pignons verts – Lucy Maud Montgomry*

En fonction de ces raisons et de sa propre vision, chacun peut établir son propre plan d'action afin de combiner, avec succès, sa vie sociale et son travail, être ainsi en harmonie avec soi-même et trouver sa place dans le monde. Ce plan d'action doit consister en une série d'ajustements nécessaires, dans sa vie personnelle, pour faire face aux difficultés de la mise en œuvre du travail à domicile. Ces obstacles seront évoqués dans les prochains paragraphes de cet ouvrage, et c'est peut-être cet apprentissage sur soi-même qui est le plus grand défi à relever quand on se lance dans le télétravail.

CHAPITRE II : AJUSTEMENTS PERSONNELS

La procrastination

« Je hais ces cœurs pusillanimes qui, pour trop prévoir les suites des choses, n'osent rien entreprendre. »

Jean Baptiste Poquelin dit Molière

La procrastination, cette manie de remettre systématiquement tout, soit à plus tard, soit au dernier moment, est le premier piège du télétravail.

Il y a deux formes de procrastination possibles en rapport avec le télétravail. Ce sont les suivantes :

1. **La première** : remettre à plus tard son envie de télétravail, attendre le moment propice, même si cela signifie passer à côté d'une opportunité et laisser à l'état de rêve une certaine vision de soi-même -avec les regrets qui peuvent ensuite en découler.

2. **La seconde** : lorsque l'on est déjà en télétravail, se laisser distraire par des futilités et être incapable d'aller jusqu'au bout d'une tâche. En général, dans ce cas, nous n'avançons ni sur le plan professionnel, ni sur le plan personnel. Certains se plaignent même qu'il n'y a pas assez d'heures dans la journée alors qu'ils s'occupent à faire de tout, sauf l'essentiel : le travail pour lequel ils sont payés.

A force de tout remettre au lendemain, la vie peut facilement nous dépasser. Certains remplissent leur existence avec trois fois rien -ou plutôt vivent une vie vide- car ils n'ont jamais eu le courage de trouver le temps d'entreprendre, ni même de faire quoi que ce soit –et encore moins de définir une stratégie de vie et de l'exécuter. Il n'y a rien de mal à cela : chacun a sa propre définition du bonheur, et trop de gens oublient

CHAPITRE II : AJUSTEMENTS PERSONNELS

de vivre dans le présent à force de se projeter dans leur idéal futur. Par exemple, à force d'attendre le mec idéal, une de mes amies est passée à côté de tous ceux qui s'intéressaient à elle. Ces personnes ne donnent pas le meilleur d'elles-mêmes dans le présent car elles se réservent pour un futur incertain : elles intègrent une logique contre-productive dans laquelle elles attendent que toutes les meilleures conditions soient réunies pour s'investir (lorsqu'elles auront le boulot de leurs rêves, le partenaire de leur vie, ou le salaire qui leur convient). On ne peut pas modifier le passé, mais on a le devoir de préparer son avenir.

« Oser, c'est perdre pied momentanément. Ne pas oser, c'est se perdre soi-même. »

Søren Kierkeg

Le télétravail...Pour plus tard, quand tout sera propice ?

La procrastination face au désir de télétravail peut être une solution de facilité. Nous repoussons alors ce changement de statut parce que nous nous sentons oppressés par ce désir de faire quelque chose de nouveau : l'abandon est alors vécu comme une libération. Si nous avons pour objectif de faire du télétravail pour satisfaire des ambitions et des objectifs personnels, alors, il faut avoir une stratégie claire pour sa mise en œuvre dès maintenant... Sans remettre cela à demain. Cette marche à suivre peut commencer par évoquer ce désir auprès de son entreprise, mais elle peut également passer par le choix de devenir directement auto-entrepreneur, ou encore de créer sa propre entreprise (TPE, start-up). Mais même ainsi, il arrive malheureusement souvent que, pour diverses raisons, nous ne trouvions jamais ni le temps ni le courage d'exécuter notre stratégie, et que nous la repoussions constamment en attendant le moment favorable. Il faut cependant prendre conscience que nous sommes ce que nous osons faire, et que personne ne nous offrira quoi que ce soit si nous ne le demandons pas. Il faut utiliser des

CHAPITRE II : AJUSTEMENTS PERSONNELS

compétences douces (soft), comme la négociation par exemple, pour convaincre notre hiérarchie que le télétravail n'aura pas d'impact sur notre rendement ni sur notre productivité. Il faut expliquer les raisons pour lesquelles nous préférons opter pour le télétravail, démontrer par des exemples concrets comment cela pourrait se faire, s'accorder sur les horaires, etc. Il faut avoir l'audace et le courage de sauter le pas et de devenir indépendant si telle est notre stratégie. Quand on veut vraiment quelque chose, « l'univers entier conspire à nous permettre de réaliser notre rêve » - pour paraphraser Paulo Coelho dans l'Alchimiste. Il y a ceux qui attendent, et ceux qui songent à agir sans jamais se lancer. Cette situation est bien souvent la pire car l'impression de n'avoir rien fait de sa vie est, dans ce cas, d'autant plus vive.

> *« Attendre d'en savoir assez pour agir en toute lumière, c'est se condamner à l'inaction. »*
>
> Inquiétudes d'un biologiste – Jean Rostand (Rostand, 1967)

Entre ceux qui attendent de meilleurs augures, et ceux qui songent à agir sans jamais oser se lancer, se dresse le spectre des situations qui sont souvent les plus terribles, de par l'impression encore plus vive de n'avoir rien fait de sa vie qu'elles engendrent.

> *« Être libre, être heureux et fécond, ne s'obtient qu'au prix du sacrifice de nombreuses choses banales mais surestimées »*
>
> Robert Henri

Dans le cas des employés, il faut en parler à sa hiérarchie et aux ressources humaines. Il convient de savoir négocier un avenant à son contrat de travail pour formaliser un accord sur le télétravail, avec les droits et obligations que cela entraîne. Le succès se mesure parfois au nombre de discussions inconfortables que nous aurons eues, au nombre de confrontations que nous aurons osé provoquer, et au nombre d'actions périlleuses que nous aurons entreprises. La révolution ne s'est pas faite en douceur, et même si je ne conseille aucunement le recours aux armes -ni de prendre en otage son employeur- il faut bien reconnaître que la vie ne fait de cadeaux qu'à ceux qui se retroussent les manches et qui se battent, prenant des risques pour transformer l'histoire de leur vie. La société aime les gens qui s'investissent car ils donnent l'impression de faire quelque chose. Combien de fois a-t-on vu passer en boucle les images du président Obama -imité plus tard par Emmanuel Macron- avec les manches retroussées, symbole d'une personne en action. Au-delà des apparences, il semble évident de dire que nous sommes les auteurs de notre propre existence, et qu'il n'est jamais trop tard pour écrire un nouveau chapitre, ajouter une touche de surprise ou changer complètement de style.

Une journée peut être assimilée à un paragraphe dans le livre de notre vie. Aimeriez-vous lire toujours le même paragraphe, du même livre, jour après jour ? Ne préféreriez-vous pas lire des chapitres pleins de surprises, d'entreprises palpitantes, de succès -mais aussi d'échecs, desquels il est possible de tirer les leçons ? « Déjà essayé, déjà échoué... Peu importe : échouez encore, échouez mieux ! » disait ainsi Samuel Becket. Le beau temps revient après l'orage, la joie réapparaît toujours après la peine, et les grandes réussites passent hélas aussi, parfois, par des échecs. Il y a toujours une lumière au bout du tunnel. Une saison en chasse une autre, avec ses propres caractéristiques... Et vous ? Accepterez-vous de vivre toujours la même histoire, en automne, en hiver, au printemps et en été ?

Quand les loisirs et autres passions priment sur le télétravail

Ça y est, nous avons franchi le pas ! Nous sommes en télétravail, nous opérons donc depuis chez nous -ou depuis tout autre lieu que nous aurons choisi... Mais nous nous retrouvons débordés de choses à faire, autres que le travail que nous sommes censés faire à distance. Nous procrastinons alors en remettant sans cesse à plus tard les obligations professionnelles. Nous avons l'impression d'être inefficaces et improductifs car nous nous éparpillons dans des activités, parfois futiles, qui n'ont rien à voir avec notre travail. En bref, nous brassons de l'air !

Lorsque l'on fait du télétravail les facteurs d'interruptions sont décuplés ; la liste n'est bien sûr pas exhaustive mais les raisons ou excuses pour remettre à plus tard les obligations professionnelles dans ce cadre d'emploi sont souvent les suivantes :

- **Être amoureux** : ne pas pouvoir détacher sa pensée d'une personne. On est occupé à penser à ce qu'elle fait, on guette ses messages, on attend patiemment de la revoir.

- **Faire les tâches domestiques** : s'occuper des enfants car notre partenaire pense que, comme on travaille à la maison, on peut remplacer la nounou, et s'occuper à la fois de la lessive, de la cuisine, du ménage, du bricolage, etc.

- **Recevoir des amis à l'improviste** : pour beaucoup de personnes de notre entourage, le fait d'être à la maison signifie que nous sommes libres et à leur disposition. Nous avons tous eu de la famille ou des amis qui ont passé leurs vacances chez nous car, pour eux, le télétravail n'était pas vraiment un travail.

- **Passer le temps à surfer sur internet** : à lire des infos, à faire des achats en ligne, à chercher l'âme sœur sur les sites de rencontres -ou, pire encore, à fréquenter les pages de rencontres adultères ou extra-conjugales, pour la pragmatique raison que l'on peut facilement recevoir chez soi pendant que son ou sa partenaire est au travail.

- **Jouer aux jeux vidéo** : à la PlayStation, à la Wii ou à tout autre jeu particulièrement addictif.

CHAPITRE II : AJUSTEMENTS PERSONNELS

- **Surfer sur les réseaux sociaux** : Facebook, Twitter, Tinder, WhatsApp, Telegram, Instagram, etc.

- **Faire un marathon de séries où de films** : Ça m'est déjà arrivé !

- **Avancer sur des projets personnels** : comme d'écrire son premier roman, de créer sa propre entreprise, d'investir en bourse et de suivre ensuite les cours actualisés.

- **Recevoir** son amant ou sa maîtresse à la maison.

- **Manquer tout simplement de motivation**, être pris de paresse.

- **Manger, fumer et boire** du café en attendant la motivation.

- **Avoir trop d'idées** qui se bousculent dans la tête et ne pas savoir par laquelle commencer.

- **S'occuper des soucis de son partenaire** : cette situation est souvent pire pour celles et ceux qui vivent avec leur conjoint, car le télétravail représente pour eux une invasion de cet espace privé et réservé que chaque partenaire avait auparavant quand l'un d'eux travaillait au bureau.

- **Être victime du syndrome de l'étudiant** et tout faire au dernier moment, quitte à faire l'impasse sur pas mal de choses.

Le syndrome de l´étudiant

En télétravail nous sommes parfois victime du syndrome de l'étudiant, qui consiste à attendre le dernier moment pour s'atteler à une tâche alors que nous disposions au départ d'une durée et d'une marge de manœuvre confortables. La qualité du travail effectué ne peut cependant que s'en ressentir : ceux qui cherchent à se convaincre qu'ils travaillent mieux dans des conditions d'extrême urgence ne font que se mentir à eux-mêmes ! Le travail fait au dernier moment ne peut être que de piètre qualité car il manquera toujours la relecture et le recul nécessaires –ce

CHAPITRE II : AJUSTEMENTS PERSONNELS

qui peut conduire à des impasses importantes sur certains sujets. Il faut savoir en outre que toute tâche réalisée en ultime instance génère un stress nuisible et superflu, qui peut également avoir des répercussions sur la confiance que notre employeur nous a octroyée en nous permettant d'opérer en télétravail.

Il convient cependant de ne pas culpabiliser à l'extrême si on est parfois victime de ce type de distractions, et si on a l'impression de ne pas être assez efficace : d'après une étude réalisée au Royaume-Uni par Voucher Cloud (How Many Productive Hours in a Work Day? Just 2 Hours, 23 Minutes..., s.d.), la moyenne de la productivité des employés qui travaillent au bureau ne serait que de... 2 heures et 53 minutes par jour ! Mais, ne nous cherchons pas d'excuse pour procrastiner davantage !

Comment mieux organiser sa journée de télétravail tout en luttant contre la procrastination ?

Réussir la première tâche de la journée : une routine pour lutter contre la procrastination

Il faut toujours garder à l'esprit que l'on nous juge avant tout sur notre performance, et que, dans ce sens, chaque tâche accomplie représente une petite victoire. Si nos journées sont envahies de choses à faire en dehors de notre travail, nous ne pouvons pas être performants. Il est donc impératif de ne pas céder à la procrastination – et à plus forte raison quand nous avons des délais à respecter !

Lors de mon passage dans l'armée j'ai toujours considéré comme une corvée le rituel obligatoire de faire son lit en bataille au réveil, avant de commencer toute activité. Cette petite routine, si fastidieuse pour moi

CHAPITRE II : AJUSTEMENTS PERSONNELS

à l'époque -et encore aujourd'hui, je dois l'avouer- est pourtant riche en enseignement. En effet, en plus de la discipline, de la rigueur et de la précision que cette simple tâche bien accomplie implique pour chaque militaire, elle génère un sentiment de satisfaction qui donne le ton pour le reste de la journée : cela nous motive et nous rend plus efficace pour le travail à venir. Si nous n'arrivons pas à effectuer cette simple tâche en début de journée, nous nous leurrons sur notre capacité à réaliser ensuite les obligations plus importantes qui nous attendent.

Dans son ouvrage « Make your bed » (McRaven, 2017), l'amiral William H. McRaven -qui avait supervisé l'opération « Neptune's Spear » pour supprimer Ben Laden- indique en ce sens que ce simple rituel peut changer toute une vie. Je pense pour ma part que ce simple acte de la vie quotidienne, faire son lit, peut être remplacé par tout autre devoir -comme par exemple l'obligation de se lever tôt... En particulier quand on n'est pas « du matin » ! En ce qui me concerne, le réveil matinal reste toujours la première et la plus dure des tâches de ma journée. Pour d'autres, cette simple et première tâche peut être de faire un jogging, du yoga, de consacrer 15 minutes à l'écriture de son projet de livre, de prendre une douche et de s'habiller - comme si on allait au bureau... Ce qui peut sembler normal mais n'oublions pas que, pour les télétravailleurs, la tentation de rester en pyjama toute la journée est souvent très forte.

Cependant la discipline crée aussi des habitudes : une routine le matin, c'est motivant mais cela peut rapidement devenir trop confortable -et donc lassant. Pour ne pas courir ce risque il faut savoir y ajouter un brin de folie, et varier les plaisirs. Il faut, selon moi, se surprendre soi-même -ou que notre entourage le fasse. Quand on fait du télétravail il est indispensable de savoir commencer sa journée du bon pied, par une première victoire, quelle qu'elle soit : l'effet d'enchaînement nous évitera ensuite de tomber dans la procrastination pour le reste de la journée. Les paragraphes suivants proposent en outre d'autres solutions pour lutter

CHAPITRE II : AJUSTEMENTS PERSONNELS

contre ce phénomène, ainsi que pour ajuster sa vie personnelle afin d'être encore plus efficace en télétravail.

Limiter les distractions et délimiter son travail est un début de réponse.

« Ceux qui emploient mal leur temps sont les premiers à se plaindre de sa brièveté. »

Jean de La Bruyère, 1645-1696. Extrait de Caractères

Nous avons choisi le télétravail pour avoir un mode de vie plus flexible, mais encore faut-il être assez organisé pour ne pas tomber dans la procrastination et pour profiter pleinement de cette liberté. Flexibilité et liberté ne doivent en effet pas rimer avec chaos et désordre : il faut savoir limiter les distractions en encadrant le travail à faire dans le temps. Si nous n'arrivons pas à nous organiser au quotidien, c'est toute notre vie que nous aurons du mal à gérer. Il faut apprendre à maîtriser l'art et la science du travail jusqu'à en avoir une autre perception que celle d'un fardeau à porter chaque jour. Pour jouir pleinement de son temps, moins compter les heures et les jours à travailler, il faut savoir faire des choix efficaces dans la définition et l'organisation, aussi bien d'ailleurs en ce qui concerne les tâches personnelles que professionnelles : en rentabilisant mieux son temps, on subit moins la vie. En effet, quand les obligations sont bien définies on les aborde ensuite avec une clarté presque magique qui les rend évidentes. Nous nous estimons alors chanceux lorsque notre préparation nous permet de rencontrer un succès. Quand les tâches sont bien organisées, tout semble s'enchaîner parfaitement dans le temps, tel que nous l'avons prévu, comme par magie. Ces réalisations et leur enchaînement déterminent aussi bien la dynamique que le fil conducteur de notre vie, en même temps qu'ils nous montrent ce que nous sommes capables de faire.

CHAPITRE II : AJUSTEMENTS PERSONNELS

« Time boxing » - 52 minutes de travail intense et 17 minutes de repos

$$Motivation = \frac{(Attente \; x \; Valeur \; produite)}{(Impulsion \; x \; Retard)}$$

A travers son équation de la procrastination ci-dessus (Steel, 2012), Piers Steel démontre d'abord que plus l'attente des autres à notre égard est grande, et plus nous nous surpassons pour les satisfaire. Mais, à l'inverse, des expectations réduites quant à notre contribution deviennent un facteur propice à la procrastination. L'équation démontre ensuite que moins nous avons de temps pour réaliser une tâche, moins nous avons de distractions potentielles et plus le niveau d'engagement et de valeur produite sont importants. Il est ainsi recommandé de découper les travaux trop longs en plusieurs tâches plus courtes. En effet, l'aspect rebutant d'un labeur de longue durée contribue à la procrastination et peut être susceptible de nous paralyser : on remet toujours à plus tard - voire à jamais - l'ascension d'une montagne lorsque celle-ci nous apparaît comme difficile et effrayante. Et même l'ascension d'une montagne se fait étape par étape, un pas après l'autre ; ainsi on se focalise moins sur le trajet dans son ensemble que sur ce qui nous sépare de la prochaine étape. Il en va de même avec un travail : c'est en s'appliquant à réaliser au mieux et les unes après les autres chacune des sous-tâches qui le composent, qu'on se montrera le plus efficace.

Toute réussite se construit progressivement, étape par étape, et je recommande donc particulièrement, pour éviter la procrastination, de pratiquer le « time-boxing », c'est-à-dire l'encadrement du travail et des tâches dans le temps. Il est en effet beaucoup plus facile de commencer une tâche pour un laps de temps court et bien défini, que de se lancer dans quelque chose qui serait susceptible de nous obliger à rester concentrés pour un temps indéfini.

Le principal résultat d'une étude menée par Le Temps Reconquis (Concentration et attention en profondeur : durée moyenne et durée idéale, 2016) démontre que les personnes les plus performantes travaillent en suivant une structure de 52 minutes de concentration suivies de 17 minutes de repos. Une autre étude (52 minutes le temps maximum de concentration des cadres en réunion , 2015) assure que l'attention d'un cadre français en réunion diminue au bout de 52 minutes. Ce temps de concentration peut cependant se travailler afin d'être rallongé. Par la suite, un repos de 17 minutes de relâche s'impose : une pause pendant laquelle on peut -au choix- bricoler, faire du sport, danser, aller dans un parc, nager, s'occuper de sa famille, etc. En somme, il faut être en harmonie avec soi-même en faisant des exercices qui nous détendent et qui nous font reprendre davantage contact avec notre for intérieur, tout en nous rendant heureux. Il est important d'en prendre conscience et d'évaluer sa durée de concentration optimale –qui varie d'une personne à l'autre. Il est, en effet, inutile de rester des heures à se torturer le cerveau si la solution ne vient pas. Faire une pause, se changer les idées, permet souvent de revenir au travail avec le recul nécessaire pour trouver la réponse au problème qui nous bloquait. Notre productivité est moins proportionnelle au nombre d'heures de travail que relative au temps que nous avons passé à faire autre chose. C'est pourquoi, pour maximiser sa productivité il faut prendre l'habitude de s'aménager des laps de temps de « travail intense » -des segments de 52 minutes environ- intercalés avec des temps de détente et de loisir - de 17 minutes environ. Certes, cela reste un peu court pour faire son jogging, mais c'est néanmoins suffisant pour pratiquer quelques asanas de yoga ou encore dialoguer avec nos amis préservant ainsi le précieux lien social ! « Le time-boxing » est aussi une solution face aux distractions qui entourent le télétravailleur car il s'agit de se concentrer pendant un laps de temps bien défini, et cela, sans interruption. On évite ainsi de s'éparpiller, de passer d'une tâche à l'autre ou encore de se laisser détourner de sa tâche par des interruptions intempestives : des mails, des WhatsApp ou Telegram et autres notifications provenant des réseaux sociaux et/ou des journaux en ligne.

CHAPITRE II : AJUSTEMENTS PERSONNELS

L'avantage du « time-boxing » est qu'il est flexible et personnalisable. Nous effectuons des sous-tâches dans un laps de temps imparti. Pour ceux qui souffrent de perfectionnisme sévère ou de procrastination, cette délimitation dans le temps rend le travail moins intimidant.

CHAPITRE II : AJUSTEMENTS PERSONNELS

Exemple de décomposition pour « Ecrire un discours » :

1. Comprendre l'auditoire, les objectifs et les raisons du discours
    a. Définir le style de discours : informatif, récit personnel, ...
    b. Choisir un sujet qui interpelle l'audience
    c. Fixer l'objectif du discours
2. Faire des recherches et rédiger le discours
    a. Faire des recherches sur le sujet afin de supporter le discours
    b. Définir le plan et la structure du discours
    c. Rédiger
3. Préparer le support visuel
    a. Tester et réviser le discours avec une audience
    b. Faire un test du discours avec des amis/collègues
    c. Revisiter et mettre à jour
    d. Faire à nouveau un test
4. Discours prêt

CHAPITRE II : AJUSTEMENTS PERSONNELS

D'autre part, pour les drogués du travail le « time-boxing » permet aussi de s'imposer une limite de temps dédié aux obligations professionnelles, afin de se réapproprier pleinement une vie sociale. Et, de la même façon que pour l'ascension d'une montagne en plusieurs étapes –où à chaque « bivouac » nous pouvons faire le point sur la logistique, la distance parcourue, le temps, notre sérénité, notre état de fatigue, les vivres etc.- nous pouvons également jeter ainsi régulièrement un coup d'œil sur les sous-tâches réalisées ou programmées.

Dans l'exemple ci-dessous, si la tâche principale est tout simplement d'écrire un discours, nous ne pouvons dire qu'elle est accomplie qu'une fois que le discours est prêt. Ceci ressemble à l'ascension d'une montagne en une seule étape –ce qui paraît impossible. En revanche, en décomposant cette tâche en plusieurs sous-tâches, nous pouvons facilement mesurer l'état d'avancement du projet, et envisager ainsi avec plus de sérénité la suite des événements.

Nous pouvons en conclure qu'il ne faut plus travailler en mode « marathon » mais plutôt -à l'image justement des entraînements des marathoniens- en mode fractionné. Suite à un « sprint » de travail de 52 minutes, on doit s'arrêter et effectuer une activité qui permette de se détendre et de récupérer. On peut alors faire du sport, s'occuper de sa famille ou prendre du temps pour des activités qui n'ont rien à voir avec le travail.

De même il est préférable de ne pas effectuer de multi-tâches au cours du « sprint » et de la pause, afin de rester concentré sur une seule et même activité. Il faut aussi savoir délimiter le « sprint » en cohérence temporelle avec le « time-boxing ».

On a souvent l'impression que certaines personnes savent toujours faire les choses de manière simple et efficace. Je dirais qu'en réalité ces personnes ont su rendre les choses simples grâce à leur organisation. Après tout, Nietzsche disait déjà que « la puissance, c'est la méthode » : pour éviter les distractions et la procrastination au télétravail il suffit donc d'avoir une bonne méthodologie, et de savoir l'appliquer avec une certaine rigueur à notre façon d'aborder les tâches qui nous incombent.

Se créer une routine quotidienne ou hebdomadaire

De manière générale, quand on opère en télétravail il faut apprendre à développer un rituel quotidien qui sert de repère – comme avant de choisir cette modalité, quand nous avions tous les jours le trajet du domicile au bureau qui nous démarquait une limite entre le temps professionnel et le temps personnel.

Dans une journée où l'on travaille de chez soi, il faut définir une approche « routinière » et pratiquer le « time-boxing » : on définit des tâches et des sous-tâches, auxquelles on alloue des laps de temps de travail précis, suivis de pauses. Respecter ce programme est très important, et représente déjà pour certaines personnes une tâche notablement difficile. D'ailleurs si on prend comme exemple le retard chronique qu'ont très souvent les espagnols à leur rendez-vous, on peut légitimement se poser les questions suivantes : comment s'organisent-ils ? Parviennent-ils au bout de toutes leurs obligations quotidiennes ?

La décision de répartir notre temps -grâce au « time-boxing » - aussi bien en ce qui concerne nos activités personnelles que professionnelles, reflètera notre vie : ce sont ces choix qui vont nous définir. Nous récoltons toujours ce que nous avons semé, et il en va de même pour les conséquences de nos décisions : pour avoir une meilleure vie, nous devons choisir la façon dont nous voulons vivre. Aux Pays-Bas j'ai toujours été impressionné par la rigueur et le manque de spontanéité des Hollandais : ils ont tous un calendrier déjà rempli d'activités -aussi bien personnelles que professionnelles- et ils n'en démordent pas, même dans des circonstances qui pourraient leur être favorables. Eh bien désormais, je recommande la même chose pour le télétravail : il faut aménager sa vie autour d'horaires stables, se créer un cadre d'activités « quotidiennes » dont le contenu peut varier d'un jour à l'autre en fonction de la nature du travail et du délai que nous avons pour le réaliser. Et il faut ensuite, surtout, s'y tenir.

Nous pouvons définir par exemple une journée type, répartie comme sur le schéma suivant :

Horaires	Activités
06 :00 - 07 :00	Réveil, petit déjeuner, parcourir les news
07 :00 - 08 :00	Traitement des mails
08 :00 - 09 :00	Sport, douche
09 :00 - 10 :30	Travail approfondi
10 :30 - 10 :45	Pause
10 :45 - 12 :00	Travail approfondi
12 :00 - 13 :30	Repas, vie sociale
13 :30 - 15 :00	Travail approfondi
15 :00 - 15 :30	Pause
15 :30 - 17 :00	Travail approfondi
17 :00 - 17 :45	Récupérer ses enfants de l'école
18 :00 - 19 :00	Travail approfondi
19 :00 -	Début de la vie sociale

Il ne faut pas oublier que le fait de savoir définir et organiser correctement ses tâches, aussi bien personnelles que professionnelles, nous permet non seulement de nous simplifier la vie mais également de la valoriser. En effet, regarder en arrière les tâches accomplies chaque jour -et cela pendant 365 jours- équivaut à contempler la vie que nous avons eue pendant cette année : nous y voyons et nous y mesurons ce que nous avons réussi ou non, nos succès, tout comme hélas aussi parfois nos rêves abandonnés.

Organiser ainsi ses tâches par journée équivaut à organiser le rythme de sa vie quotidienne, et c'est d'autant plus gratifiant quand on le fait soi-même, en définissant la cadence la mieux adaptée à sa santé, à sa productivité et à son efficacité. Dans son ouvrage L'art des listes

(Loreau, 2011) , Dominique Loreau opine que chaque « aujourd'hui » bien vécu transforme « l'hier » en un souvenir de bonheur.

L'art d'éduquer son entourage sur son emploi du temps – une culture du télétravail

De la même façon qu'il existe une culture d'entreprise, nous devrions également créer et développer des références pour la vie et le travail au sein de notre foyer. Cette culture devrait définir l'ensemble des règles, des valeurs et des comportements que chaque membre de la maisonnée -devenue notre lieu principal d'activité lorsqu'on opte pour le télétravail- doit respecter afin de faciliter le bon déroulement de la cohabitation et des tâches de chacun.

Cette culture doit être définie par l'ensemble de la famille, et elle peut évoluer au cours du temps en fonction des besoins de ses membres. Il est vraiment nécessaire d'éduquer son entourage direct au mode de fonctionnement du télétravail : leur faire prendre conscience que ce que nous faisons est un vrai travail, le même que celui que nous réaliserions au bureau, avec cette seule différence que nous l'accomplissons sans sortir de chez nous. Il faut leur expliquer ce que nous faisons et ce que nous attendons d'eux, et il est souhaitable aussi en retour qu'ils expriment de leur côté ce qu'ils attendent de nous dans cette situation.

Afin de construire ensemble cette culture commune, il ne faut pas hésiter à mettre en place quelques règles, comme par exemple :

- Demander à ne pas être dérangé entre des horaires qui auront au préalable été définis par tous, ou encore placer un signe visible sur la porte de son bureau pour dire que nous sommes occupés. En ce qui concerne les enfants par exemple, il est important de leur expliquer que lorsqu'ils rentrent de l'école nous devons encore travailler une heure ou deux -et qu'ils doivent respecter cela.

- Demander à ce que personne ne télécharge des jeux ou des films pendant que nous travaillons car cela peut saturer la connexion internet. Il faut savoir que le télétravail est seulement possible à la condition de pouvoir rester connecté et en communication avec tous nos collaborateurs partout dans le monde : avoir une bande passante saturée provoque un impact négatif indéniable sur notre travail -notamment en ce qui concerne l'utilisation des outils audio et de vidéoconférence- mais cela affecte aussi la sauvegarde de nos fichiers, souvent réalisée en ligne.

- Recommander de faire moins de bruit, de contrôler le volume de la musique ou de la télévision, et si l'on a un enfant en bas âge, lui demander de ne pas crier ou pleurer pendant nos horaires de travail (Pour autant, évidemment, que cela soit possible !).

- Laisser bien clairement établi que quand nous sommes en plein télétravail nous ne pouvons pas aller ouvrir la porte si quelqu'un sonne, ni répondre au téléphone de la maison, ni surveiller le four ou la cuisine en cours de préparation, etc.

La différence entre la théorie et la pratique... C'est la pratique

Oui mais voilà : la différence entre la théorie (ci-dessus) et la pratique (ci-dessous), c'est justement cette dernière ! J'ai en effet parlé de méthodologie dans les paragraphes précédents, mais dans la « vraie vie » la réalité est souvent toute autre. Pour le constater, nous pouvons nous pencher sur l'exemple d'un « time-box » et d'une répartition des activités en sous-tâches bien définies (cf. Figure 10) :

CHAPITRE II : AJUSTEMENTS PERSONNELS

Figure 10 : Exemple de "Time-box" dans la pratique

Comme nous pouvons le voir, il y a des journées, voire des weekends, où il est impossible d'avoir une vie sociale –la priorité étant toujours de se réserver du temps pour soi, pour sa famille, pour le sport ou d'autres activités de détente. Si nous ne gérons pas convenablement notre emploi du temps dédié au travail, non seulement cela altèrera irrémédiablement nos performances, mais en plus cela peut également avoir des répercussions sur notre santé, et parfois même sur nos relations avec les autres. Dans ce cas il ne faut pas hésiter à changer nos habitudes et y apporter des ajustements qui, même minimes, peuvent avoir de grands effets positifs sur nous-mêmes et sur notre environnement ! Quand, en plus de la barrière de la langue, nous ne parvenons pas à « éduquer » nos proches en ce qui concerne nos activités professionnelles, nous pouvons tomber sur des situations de conflits dommageables pour la relation.

Il est donc primordial de familiariser nos proches au mode de travail que nous avons choisi, et de partager notre agenda avec eux afin qu'ils connaissent nos horaires de télétravail. J'ai vécu une relation brève mais intense avec une femme médecin qui était souvent de garde le soir de 18h jusqu'à 7h du matin. Nous ne pouvions donc nous voir qu'entre 8h et 17h, alors que cette plage horaire était justement pour moi celle où je devais travailler le plus. J'aurais en effet sûrement pu trouver un créneau pour la voir mais lorsque l'on gère à distance une équipe de 25 personnes avec un budget de plus de 10M€, il n'est pas toujours possible de faire autrement. Prendre ses propres décisions est cependant la plus grande différence que nous puissions faire pour nous-même, pour notre vie : tout est une question de choix, et faire consciemment ses propres choix c'est déjà gagner la moitié du combat.

« Une vie ratée c'est d'abord une succession de rendez-vous manqués »

Romain Guilleaumes

Dans la vie, il y a parfois des choses qu'il faut savoir accepter même si nous ne les souhaitons pas. Il y a certaines personnes dont nous ne pouvons pas nous passer mais que nous devons nous résigner à laisser partir. L'idée du télétravail c'est de parvenir à un meilleur équilibre de vie avec les siens : pour ma part, je n'ai peut-être pas encore réussi à trouver suffisamment de temps pour ma vie personnelle mais j'ai, en revanche, gagné ma bataille contre la procrastination.

La leçon que j'en ai tirée c'est qu'il faut savoir familiariser son entourage à sa charge de travail, et construire ensemble un emploi du temps qui tente de répondre aux attentes de chacun. Quand on a un conjoint, il est essentiel d'établir un calendrier commun afin de garder le contrôle de sa vie de couple : cela permet de gagner du temps en commun et évite le stress et la frustration de ne pas se voir -ou même d'avoir parfois l'impression de ne pas vivre ensemble. Quand on est célibataire, on s'organise comme on le souhaite jusqu'au jour où quelqu'un rentre dans notre vie.

CHAPITRE II : AJUSTEMENTS PERSONNELS

Les 11 commandements de Henry Miller appliqués au télétravail

Dans ma jeunesse j'ai essayé d'écrire un roman et j'ai cherché partout des méthodes pour y arriver. C'est ainsi que je suis tombé sur les 11 commandements qu'Henry Miller (Popova, 2012) s'était défini pour lui-même. Il voulait ainsi se motiver tous les jours, se créer une routine pour écrire efficacement ses romans. En ce qui me concerne, je me suis vite rendu compte que je n'avais pas le talent nécessaire pour être écrivain : dans la vie, il y a un certain nombre de choses que nous ne pouvons pas faire et il convient de l'accepter et d'en tenir compte. Miller disait que lorsqu'on n'est pas capable de créer, on peut toujours... travailler ! Woody Allen, dans son film Annie Hall, argumentait quant à lui que lorsqu'on ne sait pas travailler, on se consacre à l'enseignement -ce que j'ai également fait, mais pour une tout autre raison : j'aime transmettre, partager les connaissances et l'expérience... Et c'est d'ailleurs aussi pour cela que je rédige aujourd'hui cet ouvrage.

Pour lutter contre la procrastination, lorsque je me suis lancé dans le télétravail je me suis appliqué à moi-même les 11 commandements de Henry Miller, en les adaptant de la façon suivante :

1. Travaille sur une seule chose à la fois jusqu'à ce qu'elle soit terminée. Consacre-toi à une tâche précise et résiste aux distractions.

2. Ne commence pas de nouvelle tâche alors que tu es déjà en train d'en réaliser une et n'en fais pas plus que nécessaire.

3. Ne te rends pas nerveux en te mettant des pressions inutiles ! Travaille calmement, sereinement et professionnellement à ce que tu as commencé.

4. Travaille selon le programme défini (voir exemple dans le chapitre précédent) et non pas selon ton humeur. Arrête-toi à l'heure prévue !

CHAPITRE II : AJUSTEMENTS PERSONNELS

5. Lorsque tu ressens un blocage dans la réalisation d'une certaine tâche malgré un temps de travail sérieux, passe à autre chose de différent : réponds à tes mails, avance sur tes tâches administratives, communique et socialise avec tes collaborateurs connectés en ligne. Le « si tu ne peux pas créer, tu peux travailler » de J. Miller, transposé d'une certaine façon au télétravail.

6. N'attends pas le dernier moment pour préparer tes livrables ! Ne tombe surtout pas dans le syndrome de l'étudiant.

7. Reste un être humain ! Vois des gens, fais un tour et bois un coup si tu en as envie (enfin, pas trop non plus !).

8. Ne deviens pas un gratte-papier ! Travaille uniquement avec plaisir.

9. Chamboule le programme si besoin est, mais rattrape-le le jour suivant.

10. Concentre-toi. Applique-toi. Affine le tout.

11. Oublie les livres que tu veux écrire ou tes rêves les plus fous quand tu es sur une tâche. Pense uniquement au travail que tu es en train de faire et à la vie que tu es en train d'avoir. Pense au présent pour construire ton futur.

CHAPITRE II : AJUSTEMENTS PERSONNELS

Chamboulement du quotidien

Une perception encore vague du télétravail

Mon expérience m'a démontré que le télétravail était encore perçu de manière assez floue et plutôt négative par la plupart des gens. Je l'ai notamment constaté dans mon entourage : si elle est désormais ancrée dans les habitudes des anglo-saxons, cette modalité professionnelle ne fait pas encore partie de la culture française.

J'ai fait une petite liste ci-dessous des remarques et des interrogations les plus fréquentes que mes collègues ou moi-même avons entendues ou relevées au sujet du télétravail :

- Tu as de la chance, tu peux faire ce que tu veux dans la journée loin de tes chefs.

- Tu dois économiser pas mal sur la nounou maintenant que tu es tout le temps chez toi.

- Tu dois contribuer davantage aux tâches domestiques maintenant que tu es à la maison.

- Tu ne travailles pas ou pas beaucoup, tu dois regarder la télé tout le temps.

- Tu es fatigué, mais de quoi ? Tu es resté chez toi toute la journée !

- Tu as dû perdre ton boulot et tu n'oses pas nous le dire ? (Certains vont même jusqu'à affirmer que l'on a un problème d'argent).

- Cela ne te déprime pas trop de rester seul(e) toute la journée alors que tes enfants et ton -ou ta- partenaire sont à l'école et au travail ?

CHAPITRE II : AJUSTEMENTS PERSONNELS

- Tu dois être en pyjama toute la journée puisque tu ne sors plus de chez toi.

- Je ne sais pas comment tu fais mais moi je n'arriverais pas à me concentrer chez moi.

- Les livreurs d'Amazon ou d'autres services de livraison te posent même des questions sur l'avancement de ta recherche d'emploi car ils te trouvent toujours à la maison pour recevoir les paquets.

- On te reproche sévèrement le fait de ne pas répondre aux messages rapidement, pensant souvent qu'étant à la maison tu es à la disposition de chacun.

- Tes amis viennent souvent te voir à l'improviste car ils pensent que tu ne fais rien de ta journée.

- Te voyant toute la journée devant ton ordinateur les gens pensent que tu surfes sur Facebook, les sites de rencontres ou de vente en ligne, etc.

- Pour certaines compagnes, le fait de ne plus te voir en beau costume tous les jours peut créer un manque, et provoque même parfois une certaine pitié car, pour elles, cela représente une régression sur l'échelle sociale.

- Enfin, il y a les interruptions incessantes d'un entourage qui ne comprend tout simplement pas que l'on fait du télétravail pour gagner sa vie.

Et j'en passe et des meilleures… Il y a beaucoup d'ajustements à faire auprès des proches quand il s'agit de télétravail : dans le temps que nous consacrons à nos obligations professionnelles, bien que nous soyons à la maison, nous ne pouvons absolument pas être à la disposition des autres. Notre entourage, la société, n'a pas encore assimilé ce mode de travail et en a une perception biaisée : la plupart des gens pensent notamment que l'on ne peut pas avoir un bon travail s'il est fait depuis chez soi. A ceux-là je répondrai par une simple question : qu'est-ce qu'un bon travail, selon eux ? Quelle en serait leur définition ? À mon sens un bon travail c'est un travail que l'on prend plaisir à faire, et qui nous permet non seulement de gagner notre vie mais aussi de nous épanouir personnellement.

Le chamboulement – les interruptions incessantes – ce qui doit changer pour les proches

D'un point de vue d'espaces, le manque de séparation entre le lieu de travail et le foyer de la vie familiale, entre le « bureau » et la maison, est un facteur difficile à gérer. Nous devons apprendre à faire face aux interruptions intempestives de la part de ceux qui partagent notre quotidien, ou de tout autre facteur extérieur susceptible de venir chambouler notre programme quotidien préétabli de télétravail. Il y a des facteurs d'interruption que nous pouvons contrôler -comme la musique et la télé, les SMS/WhatsApp/Telegram et les réseaux sociaux. En revanche, il y en a d'autres qui nécessitent un ajustement du mode de vie au sein de la maisonnée.

En effet, comme la culture du télétravail n'est pas encore assez ancrée dans la société et que la plupart des gens ne sont pas encore familiarisés avec cette réalité, le risque de malentendus et de perturbations incessantes est très grand au départ : cela requiert d'éduquer les personnes qui nous entourent à ce nouveau mode de vie, et de leur laisser un peu de temps afin qu'elles parviennent à l'intégrer dans leur routine quotidienne.

Nous pouvons d'ailleurs citer quelques exemples, non-exhaustifs, de types de chamboulements probables :

- Votre entourage vous voyant à la maison toute la journée, certaines personnes croient que vous faites semblant de travailler. Il m'est arrivé que quelqu'un de ma famille me conseille d'avoir un vrai travail et d'aller au bureau comme tout le monde.

- Les amis ou membres de la famille qui débarquent chez nous à tout moment, croyant que nous ne faisons rien de nos journées : ils ont sûrement oublié que nous devons travailler comme tout le monde, sauf que nous le faisons depuis la maison.

- La liste de tâches ménagères que nous donne notre partenaire le matin avant de partir au travail, sous prétexte que nous sommes à la maison. Il m'est arrivé de voir un début de feu dans ma cuisine car j'étais tellement concentré sur mon travail que j'avais oublié que l'on m'avait demandé de surveiller la cuisson de ce qui aurait pu être un délicieux repas.

- Notre partenaire qui nous prend pour un(e) baby-sitter puisque nous sommes à la maison -et, évidemment, le bébé qui se met à crier au moment où nous sommes au beau milieu d'une réunion importante avec des clients.

- La bande passante d'internet qui est saturée, car la ligne est utilisée en même temps par tous les membres de la famille.

- Les cris et les bruits des enfants, des amis ou de la belle famille, qui commencent à déranger fortement quand ceux-ci sont à la maison.

- Les amants ou maîtresses qui insistent pour nous voir durant les horaires de travail et qui débarquent à l'improviste.

- Si la vie sociale consistait à fréquenter les collaborateurs après le bureau, le télétravail implique qu'il va falloir trouver d'autres sources de contacts, en dehors de celles du foyer, pour garder un certain équilibre relationnel.

- Il nous arrive de reprendre le travail après le dîner familial. Certes l'avantage c'est que nous le faisons à domicile, mais il faut s'efforcer d'avoir des horaires encadrés et d'être mieux organisés dans son travail. La puissance est la méthode.

- Etc.

Même s'il est impossible d'éliminer totalement ces interruptions incessantes, les ajustements personnels que je vous propose dans les paragraphes suivants peuvent toutefois servir à les atténuer.

Un espace exclusif pour le travail – Le bureau ergonomique

Moi aussi, comme presque tout le monde, je l'ai fait quasiment partout : chez moi ou à l'hôtel, au lit, dans un coin de la cuisine, sur le bord de la table à manger, dans le salon sur un sofa ou par terre, dans les toilettes même, dans la baignoire et sur mon balcon même s'il ne faisait pas chaud... Mais, toutefois, mon endroit favori reste mon bureau ! On peut travailler presque partout mais il ne faut pas que cela devienne la norme. En télétravail, il est essentiel d'aménager et d'entretenir un espace exclusivement réservé au labeur professionnel au sein du domicile : non seulement cela permet de se « mettre en situation », mais en plus cela établit la limite entre les moments de travail et la vie personnelle. Cela va également nous permettre de faire comprendre à notre entourage, lorsqu'il est présent quand nous travaillons, que ce n'est pas parce que nous sommes à la maison que nous sommes disponibles.

L'avantage d'être chez soi c'est que l'on a, en plus, la liberté de choisir son environnement : l'éclairage, la température, la posture, l'humeur. Il est essentiel de travailler dans l'espace qui nous convient le mieux, là où on se sent bien, et cela à double titre : on sera d'autant plus productif, et cela sera en même temps bénéfique pour notre santé. En effet, il nous faut un vrai espace de travail organisé avec un équipement qui tient compte de l'ensemble des règles et des normes ergonomiques,

CHAPITRE II : AJUSTEMENTS PERSONNELS

à savoir : un bureau à la bonne hauteur, un siège confortable, un bon éclairage pour éviter les problèmes de vue et tout le matériel dont on a besoin pour travailler. Dans le cas contraire nous risquons d'être victime de mal de dos, de problèmes à la nuque, de contractions aux épaules, etc. La posture est l'aspect le plus important à considérer lorsque nous étudions la conception de notre poste de travail.

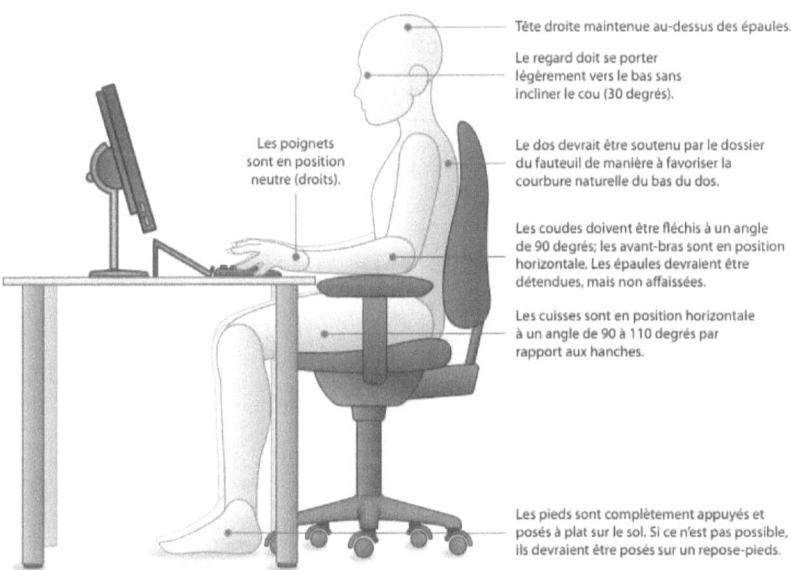

Figure 11 : Schéma du bureau ergonomique (Travail Sécuritaire, 2010)

Avant de donner leur approbation à ce qu'un employé opère en télétravail, certaines entreprises n'hésitent pas à établir au préalable des diagnostics ergonomiques du logement de celui-ci. Les conséquences d'une mauvaise posture peuvent aller depuis un léger inconfort physique -parfois amené à disparaître ensuite sans avoir d'impact direct sur la performance- jusqu'à des douleurs chroniques susceptibles de générer des dommages difficilement réversibles, et qui affectent grandement la qualité de notre travail. Il ne faut donc pas négliger la posture. Les conseils en la matière foisonnent sur internet mais la figure ci-dessus

(Figure 11 : bureau ergonomique) résume assez bien ce qui est généralement recommandé. Je vous conseille de lire le document qui accompagne ce schéma sur le bureau ergonomique (Travail Sécuritaire, 2010) car il comporte des exercices d'étirements complémentaires à réaliser en plus du respect de ces normes.

Dans le cas où il n'est pas possible d'avoir un tel espace exclusif chez soi, il faut peut-être revenir sur les raisons pour lesquelles nous voulons faire du télétravail : si cette modalité n'est envisagée que comme une étape provisoire vers un objectif ultérieur cela peut tenir la route, mais sur le long terme, ne pas compter sur un endroit approprié au travail peut s'avérer rédhibitoire. C'est en effet susceptible de se répercuter négativement sur notre performance, et même sur notre santé physique et mentale.

Si vous êtes dans l'obligation de faire du télétravail et que vous n'avez pas d'espace à vous, les centres de coworking près de chez vous peuvent aussi être une solution temporaire.

La frontière entre le travail et la vie personnelle est délimitée par les murs de l'espace que nous réservons exclusivement à notre activité professionnelle : même en étant tout le temps chez soi, sortir de cet espace dédié est comparable au fait de sortir du travail/bureau pour retourner à la vie privée.

Santé, Sureté, Sécurité et Environnement (SSSE)

Les normes Santé, Sureté, Sécurité et Environnement (SSSE) et le code de conduite ou autres règlements intérieurs de l'entreprise s'appliquent également au télétravail. Les règles de votre entreprise en la matière doivent être respectées et suivies à la lettre, même lorsque vous travaillez à la maison. Évidemment, pour la plupart personne ne va venir contrôler si vous les respectez, mais si vous êtes à l'origine d'un incident durant vos heures de télétravail vous risquez d'avoir des

CHAPITRE II : AJUSTEMENTS PERSONNELS

problèmes qui peuvent aller du simple avertissement jusqu'au renvoi disciplinaire, en fonction de la politique en vigueur dans votre entreprise.

Pour l'anecdote, ces mesures de sécurités m'ont d'ailleurs un jour sauvé la vie... J'étais tellement concentré sur mon travail que j'en avais oublié de surveiller une casserole sur le feu, et un début d'incendie s'était alors déclaré. Heureusement –et conformément au règlement de mon employeur- j'avais équipé mon domicile d'un système anti-incendie... Même en télétravail, les SSSE et le code de conduite doivent être respectés car ils réunissent les valeurs fondamentales et les normes de comportement dont le non-respect peut s'avérer préjudiciable, que ce soit vis-à-vis de l'entreprise ou pour vous-même.

CHAPITRE II : AJUSTEMENTS PERSONNELS

Le sport et la santé – ou comment combattre l'extrême sédentarité du télétravail

« Ce qui me surprend le plus chez l'homme occidental, c'est qu'il perd la santé pour gagner de l'argent et qu'il perd ensuite son argent pour récupérer la santé. A force de penser au futur, il ne vit pas au présent et il ne vit donc ni le présent ni le futur. Il vit comme s'il ne devait jamais mourir et il meurt comme s'il n'avait jamais vécu. »

Le Dalaï Lama

Lorsqu'on fait du télétravail, on imagine souvent qu'il sera plus facile d'atteindre l'équilibre entre la vie professionnelle et la vie sociale, et donc une meilleure hygiène de vie. Pourtant, ce n'est pas le cas pour tout le monde : certains de mes collègues télétravailleurs ressentaient beaucoup de fatigue, de manque d'énergie, se montraient particulièrement sensibles aux rhumes ou à la grippe, et trahissaient même parfois des signes de dépression et d'anxiété. On peut certes imputer ces faiblesses et ces états d'âme aux longues heures passées à travailler seul chez soi, mais il ne faut pas oublier que le plus grand danger du télétravail est plutôt l'extrême sédentarité qu'il implique. Dans un schéma de travail conventionnel, à défaut de faire du sport nous pouvions toujours rallonger notre trajet domicile-bureau, ou encore prendre les escaliers pour aller d'un étage à l'autre... Mais avec le télétravail, ces temps de marche n'existent plus. Toute la documentation disponible sur le sujet vous confirmera que la sédentarité est nuisible pour la santé physique (facteur aggravant de l'obésité, de la fatigue, etc.) et psychique (dépression, trouble du comportement alimentaire, etc.). J'ai même eu des collègues qui, après avoir passé toute la journée assis, se sentaient tellement fatigués qu'ils s'affalaient ensuite devant la télé avec des bières pour se reposer : ils n'avaient plus ni l'énergie, ni le temps, pour faire de l'exercice physique. Pour ma part il m'est également arrivé de tomber dans ce piège en travaillant plus de 20 heures d'affilée,

CHAPITRE II : AJUSTEMENTS PERSONNELS

et en restant donc assis tout ce temps -avec juste quelques pauses, limitées au strict minimum, pour aller chercher de l'eau, à peine de quoi manger, et pour me rendre aux toilettes.

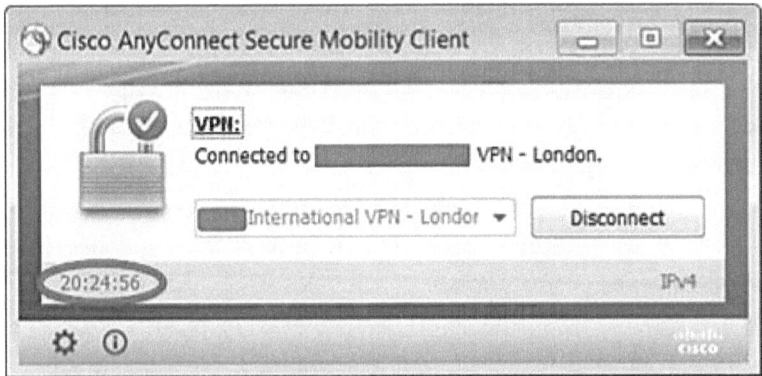

L'erreur la plus commune sur ce point c'est d'avoir la mentalité du « tout ou rien », à savoir, de se sentir obligé d'aller dans un gymnase pour pratiquer une activité sportive. On peut très bien consacrer 20, 10, voire 5 minutes à faire de l'exercice chez soi. Et c'est déjà ça de gagné !

Ne plus avoir aucune activité physique peut conduire à des situations graves. Un de mes amis, Terry, a commencé à se sentir très mal après une journée de travail intense : il n'arrivait plus à respirer. Sa famille a été alors obligée d'appeler le SAMU pour l'emmener aux urgences, et il lui a fallu 6 semaines pour se récupérer totalement. J'ai un autre ami, Dave, qui depuis qu'il est en télétravail a dû au moins doubler de poids. En ce qui concerne Marianne, diabétique, elle a un jour perdu connaissance car, prise dans son travail, elle avait oublié de s'injecter son insuline. Heureusement pour elle, son mari était exceptionnellement à la maison ce jour-là, et il savait comment lui porter secours... Pire encore, mon ami Mike : il se plaignait régulièrement de douleurs à l'estomac pendant nos réunions virtuelles, tout en refusant de se faire soigner. Sa femme l'a retrouvé mort dans son bureau chez eux un matin. Il avait 40 ans : *It has been a long day without you my friend.*

Je trouve stupide et inutile l'attitude routinière des « bourreaux de travail », qui triment jusqu'à l'aube à grand renfort de nuits blanches. Nous avons tous traversé, de manière plus ou moins ponctuelle, ces périodes-là. Il m'est même arrivé de ne pas prendre le temps de me brosser les dents, ni de me lever de mon siège pour me soulager. Sans nous en rendre compte, nous pouvons créer des dégâts considérables sur notre organisme si ces comportements deviennent la norme : les cas de « *burn-out* », ce syndrome d'épuisement professionnel qui nécessite beaucoup de repos et une période de convalescence assez longue, sont devenus monnaie courante de nos jours. Il faut être en mesure de décider ce qui mérite ou non un effort supplémentaire, et surtout, ne jamais perdre le sens des priorités.

C'est tout simplement déprimant -voire carrément dangereux pour la santé mentale et physique- que de vouloir jouer les héros en accumulant les heures sup' et autres horaires excessifs de travail, au détriment de notre sommeil, de notre vie sociale, de nos relations et de notre propre équilibre. J'en ai entendu certains se considérer comme des surhommes en se vantant d'avoir travaillé avec 40 de fièvre...

Comme nous avons vu précédemment, il faut savoir prioriser et s'organiser des temps de pause et d'activité physique pour couper les périodes de travail : il convient d'apprendre à transformer les « temps-morts » en « temps-vivants », et penser à se lever 5 minutes au minimum pour chaque 52 minutes de position assise.

Aujourd'hui il existe de nombreuses applications mobiles qui nous permettent de programmer nos pauses. De plus, comme nous travaillons chez nous nous avons la possibilité de remplacer le temps perdu dans le trajet domicile-travail par une activité sportive, et ainsi gagner en condition physique. En effet il ne faut pas oublier que l'une des raisons pour lesquelles on choisit le télétravail c'est justement pour avoir un

CHAPITRE II : AJUSTEMENTS PERSONNELS

meilleur équilibre de vie, avoir plus de temps à soi, pour sa famille ou des loisirs comme, par exemple, pratiquer un sport.

Une étude (CoSO Cloud,, 2015) montre ainsi que 44% des télétravailleurs gagnent en temps de sommeil par rapport à un employé de bureau, 35% ont plus de temps pour faire du sport et 42% mangent plus sainement. Une autre enquête (Championnet, 2016) révèle que chez les télétravailleurs on compte 5,5 jours d'arrêt-maladie en moins par an, et la conclusion impute ce chiffre à la meilleure qualité de vie qu'offre le télétravail. Il faut pourtant rester très vigilant et ne pas tomber dans le piège de la sédentarité poussée à l'extrême, notamment pendant les périodes de surcharge de travail. Il m'est par exemple arrivé de ne faire que 600 mètres de marche sur une journée tellement j'étais débordé.

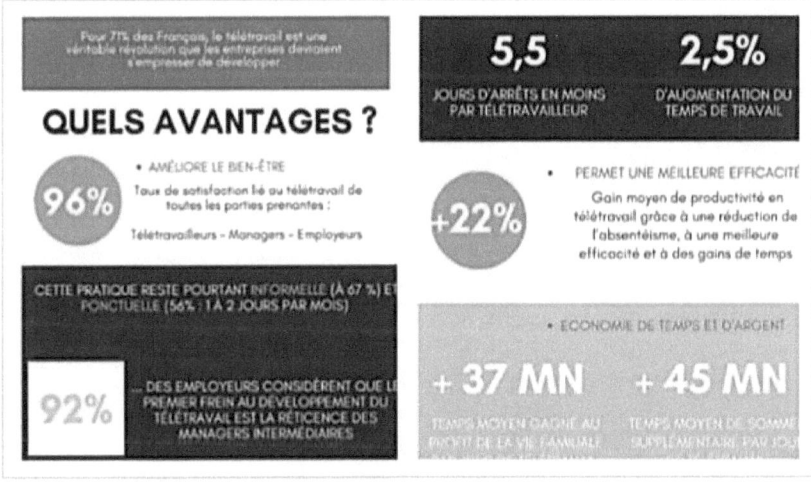

Mais j'ai encore battu mes propres records d'inaction corporelle en dirigeant, depuis chez moi, une équipe géographiquement éparpillée dans le monde entier pour venir à bout d'un problème de post-déploiement sur un site au Kazakhstan : à minuit, au moment de me coucher, je n'avais marché que 100 mètres ce jour-là !

CHAPITRE II : AJUSTEMENTS PERSONNELS

Une activité physique régulière ne peut pas être facultative pour les télétravailleurs car elle est nécessaire pour le corps et l'esprit. Pourtant il est très facile de tomber dans le piège de la sédentarité, en particulier de nos jours où il est si facile de se faire livrer les courses ou les repas à domicile.

Sans être un grand sportif -je suis même plutôt bien enveloppé car je suis du genre « bon vivant » - j'ai réussi à m'imposer 15 minutes de sport minimum sur mon emploi du temps quotidien. Même quand je voyage, j'essaie toujours de choisir des hôtels ayant une salle de sport.

Et à chaque fois que je serais tenté de penser que le temps me manque, je me pose personnellement la question de savoir si ma santé n'est pas plus précieuse et importante que toutes les choses que je dois faire... Je profite aussi de ces moments d'exercice physique pour me

CHAPITRE II : AJUSTEMENTS PERSONNELS

déconnecter et prendre du recul : j'analyse ce qu'il se passe dans ma vie, ce que je suis et ce que j'aimerais être.

Ce sont des moments-clés qui me permettent de définir des actions de prévention ou de correction dans ma façon d'être ou de vivre.

Le « mouvement perpétuel »

Pour lutter contre l'extrême sédentarité à la maison, il faut bouger son corps de manière régulière et à chaque occasion : faire des réunions debout ou se lever toutes les 30 minutes, faire un aller-retour à la cuisine pour aller chercher un verre d'eau, descendre et monter les escaliers de chez soi -même sans sortir dans la rue- etc. Bouger, c'est l'un des ingrédients essentiels pour s'assurer de rester en forme et efficace au travail. Cela profite non seulement à notre corps mais aussi à notre esprit !

Quand on se remue et qu'on fait de l'exercice, cela limite notre impulsivité et influence positivement notre humeur et notre rendement. Les moments passés en mouvement sont le plus souvent complètement rentabilisés, les avantages que l'on en tire compensant largement le temps qui leur aura été imparti. L'Institut National de Prévention et d'Education pour la santé (INPES) conseille aux Français de tout âge de pratiquer chaque jour au moins l'équivalent de 30 minutes de marche rapide, soit environ 3 500 pas, ou encore près de 2,7 Km.

L'avantage du télétravail est que nous pouvons aménager notre emploi du temps pour faire du sport chez nous ou dans une salle. J'ai personnellement investi dans un rameur d'appartement. Ainsi, quand je « rame » dans mon travail je me prends une pause pour ramer avec ma machine : pour moi cette activité allie parfaitement la force et l'endurance, permettant la tonification musculaire et la remise en forme. C'est aussi, à mon sens, un moyen de m'aérer l'esprit.

Mais s'il nous est impossible d'acquérir des équipements sportifs, il existe aujourd'hui de nombreuses applications pour smartphones qui

CHAPITRE II : AJUSTEMENTS PERSONNELS

peuvent nous aider en nous proposant de petits exercices simples à faire à la maison.

Notre santé est sous notre responsabilité : on gère nettement mieux la pression, le stress et l'anxiété dus au travail en faisant régulièrement de l'exercice. La confiance en moi et le sentiment de bien-être que je développe en faisant du sport est comparable aux sensations que d'autres retrouvent dans la religion... Et comme, en travaillant de chez soi, on a plus de facilité pour faire du sport, il n'y a plus aucune excuse pour ne pas développer une routine d'exercices au quotidien.

L'importance d'une bonne hygiène de sommeil

Lorsque l'on fait du télétravail, on est censé avoir la possibilité de dormir plus longtemps puisque l'on s'épargne le temps des trajets domicile-bureau. Cependant, dans la réalité ce n'est pas souvent le cas, à cause d'horaires de travail variés et d'un manque d'équilibre dans la gestion du quotidien.

Il m'arrive de travailler jusqu'à 1h ou 2h du matin, et de m'y remettre ensuite dès 6h du matin. -en fonction des fuseaux horaires des personnes avec lesquelles je dois être en contact, ou parce que ces horaires sont propres au travail que je dois fournir.

Cela semble évident de dire qu'une bonne hygiène de sommeil est nécessaire, et c'est pourquoi il est impératif de s'organiser pour l'entretenir. Je ne vais pas faire le tour de tous les bienfaits du sommeil - la littérature sur le sujet étant abondante- mais j'insisterai juste sur le point suivant : tout le monde s'accorde à dire qu'un repos de qualité empêche la « surchauffe » du cerveau, permettant à celui-ci de « s'oxygéner » -ce qui ne peut qu'améliorer notre performance au travail. Qui plus est, une bonne nuit de sommeil nous rend toujours plus sympathique et de meilleure humeur. Lorsque nous nous forçons à rester éveillés, d'une part nous devenons plus susceptibles et plus facilement irritables, avec une tendance au repli sur nous-mêmes, et, d'autre part

CHAPITRE II : AJUSTEMENTS PERSONNELS

nous avons l'esprit embrumé, ce qui nous pousse à faire des erreurs. Il ne faut pas non plus oublier qu'en télétravail, nous échangeons principalement par l'intermédiaire de courriers électroniques ou de messages téléphoniques, et que c'est là un terrain déjà souvent propice aux mauvaises interprétations et autres malentendus en ce qui concerne les intentions des interlocuteurs.... Facteur qui se voit encore aggravé par la nébulosité cognitive imputable au manque de sommeil. Un surplus de travail, associé à un manque de repos, augmente le risque de maladies, d'anxiété, de stress, de problèmes cardiaques et –pourquoi ne pas le dire– de misère sexuelle. En 2013, Moritz Erhardt, en stage dans une banque londonienne, est décédé après avoir travaillé à un rythme inhumain pendant 72 heures d'affilée sans pause. Chacun de nous doit se poser la question de ce qui vaut vraiment la peine : jusqu'où doit-on privilégier un travail facteur de stress, d'exigences émotionnelles au détriment de notre santé ? Sans oublier que tout peut toujours se solder par un échec.

Cela m'est arrivé de travailler sur des missions de 3 heures à 20 heures -pour diriger le travail de mon équipe lors de déploiements de solutions sur différents sites géographiquement distants et sur différents fuseaux horaires- mais ce genre de travail reste, pour moi, ponctuel. Et comme j'étais chez moi j'ai tout de même pu gérer des pauses régulières pour faire un peu de sport (5 minutes d'altères ou de rameur d'appartement). Certaines personnes pensent à tort que le fait d'augmenter leur consommation d'alcool, de café ou de toute autre substance –sans oublier les cigarettes- pourrait régler leur problème, mais ces plaisirs éphémères ne sont que des leurres ! Il faut toujours garder à l'esprit que le sport et le sommeil sont de meilleurs remèdes à nos maux. J'ai arrêté de fumer le jour où j'ai pris conscience que je n'avais qu'une seule vie... Et ma seconde vie a commencé ce jour-là.

CHAPITRE II : AJUSTEMENTS PERSONNELS

Comment atteindre le « flow » - le point G du télétravail – en travaillant moins pour en faire plus : gestion de l'énergie

En télétravail, la frontière entre le bureau et le foyer est si floue qu'il est souvent difficile de décrocher. Le risque est alors de se laisser vampiriser par le travail, c'est-à-dire d'augmenter à chaque fois son temps de labeur au détriment de sa vie sociale et personnelle. Comme nous l'avons vu précédemment, le télétravail permet une flexibilité dans l'organisation du temps : cela permet de répondre à des pics de charge de travail, mais il est cependant facile de tomber dans l'excès et ne jamais se déconnecter réellement de nos obligations professionnelles. Nous avons tous ressenti un jour cette impression qu'il manquait des heures dans la journée pour faire tout ce que nous voulions faire : ces tâches qui ne devraient prendre que quelques minutes et qui finalement se prolongent pendant des heures, alors que la charge de travail en parallèle augmente. Bien souvent, la solution que nous choisissons est de travailler jusque tard dans la soirée ou pendant le week-end... Un « remède » cependant insoutenable sur la durée car cela nous laisse épuisés et stressés.

Les résultats les plus convaincants n'arrivent pas après un travail acharné sur de longues heures : les meilleures performances apparaissent lorsqu'on agit en harmonie avec le rythme de son cerveau et de son corps.

Ainsi, il faut se créer des moments de « disparition » afin de se régénérer et de se rafraîchir, mentalement et physiquement. Il faut faire en sorte que les pauses créatrices d'énergie dans notre travail deviennent la routine quotidienne. En effet, le plus souvent c'est le changement d'air, la prise de recul, qui nous permettent de résoudre un problème ou qui nous inspirent. À partir de là, chacun aura son type de pause : sport, gym, écouter de la musique, cuisiner ou faire le ménage, marcher et flâner dans la rue...

CHAPITRE II : AJUSTEMENTS PERSONNELS

Nous devons tirer le meilleur parti possible de ces moments d'arrêt afin de régénérer notre attention et notre énergie : il faut transformer ces « temps morts » en « temps vivants », pendant lesquels nous pouvons profiter de toutes les choses qu'offre la vie. Paradoxalement, l'oisiveté est nécessaire pour accomplir un travail car elle permet de se rafraîchir l'esprit. Pour toutes ces raisons, il ne faut surtout pas culpabiliser quand on regarde un match ou une série pour se détendre.

Selon Tony Schwartz et Jim Loehr (Schwartz, 2005), la clé de la haute performance, de la santé, du bonheur et de l'équilibre est dans la gestion de l'énergie, et non pas dans la gestion du temps.

Pour être performant nous devrions alors puiser dans 4 sources d'énergie, distinctes mais reliées les unes aux autres :

CHAPITRE II : AJUSTEMENTS PERSONNELS

- **L'énergie physique** : faire du sport, manger sainement, dormir, faire des pauses comme mentionnés dans les paragraphes antérieurs.

- **L'énergie émotionnelle** : rechercher régulièrement des émotions positives et plaisantes sans céder au pessimisme. Éviter les gens négatifs qui se plaignent et qui cherchent constamment à entraîner les autres dans l'auto-apitoiement.

- **L'énergie mentale** : travailler sur la visualisation et la gratitude. Prendre du recul et réfléchir à nos succès ou aux raisons que nous avons de nous montrer reconnaissants.

- **L'énergie spirituelle** : pas vraiment dans un sens religieux, mais plutôt un ensemble de valeurs personnelles, un but supérieur à notre intérêt personnel. C'est l'énergie de notre raison de vivre. Produire plus que consommer, rendre à la société ce qu'elle nous a donné.

CHAPITRE II : AJUSTEMENTS PERSONNELS

La productivité est proportionnelle à notre énergie

« Où que tu ailles, qu'il pleuve ou qu'il vente, emporte toujours ton soleil avec toi. »

Anthony D'ANGELO

Nous voyons que la productivité est donc moins proportionnelle au temps consacré au travail, qu'à l'énergie mobilisée pour réaliser celui-ci. En optimisant la gestion des 4 sources d'énergies ci-dessus et en ayant une bonne organisation des tâches, on peut obtenir des résultats exceptionnels -comme par exemple celui d'atteindre ce fameux point de concentration intense, appelé « *Flow* » ou « *Zone* » (Wikipedia, s.d.).

Ce stade correspond au moment où nous perdons conscience de tout ce qui gravite autour de nous car nous sommes totalement et intensément plongés dans le projet ou la tâche en cours. Atteindre ce point, c'est un peu comme atteindre le point G de Gräfenberg au travail, car il en résulte un regain de bonheur et de productivité. Bien sûr, comme avec le point G, il faut tâtonner dans la gestion de notre énergie et dans notre organisation de travail pour découvrir la formule magique qui mène à ce « flow ».

Atteindre le « flow » en télétravail revient à dire que nous avons réussi à mettre en place la gestion optimum de notre temps ainsi que tous les ajustements personnels nécessaires qui nous permettent de travailler dans des conditions idéales, que ce soit depuis notre domicile, dans un espace partagé (co-working) ou encore de manière nomade (lieux de travail différents selon les endroits où nous voulons le faire). Pour ma part j'ai choisi le télétravail car il m'offre la possibilité de gagner ma vie de manière nomade, depuis n'importe quelle ville du monde où je puisse accéder à une connexion internet haut-débit, et je suis désormais généralement en mesure d'atteindre le « flow » quel que soit l'endroit où je me trouve.

CHAPITRE II : AJUSTEMENTS PERSONNELS

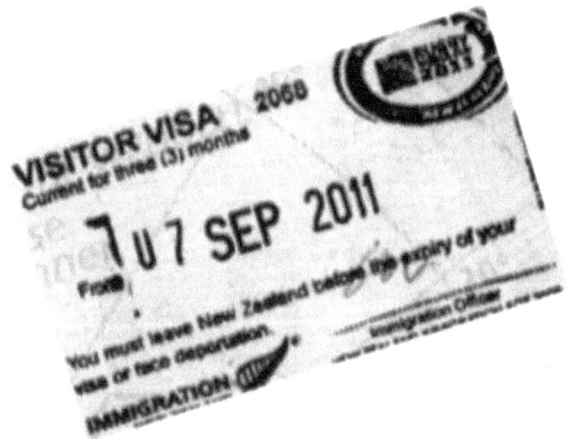

Chapitre III - Ajustements professionnels

Le télétravail requiert plusieurs ajustements dans la façon d'opérer et de travailler à distance, surtout quand les collaborateurs sont éparpillés géographiquement partout dans le monde et entre différents fuseaux horaires. En effet, grâce à la révolution numérique, les talents sont toujours accessibles et peuvent travailler depuis n'importe où dans le monde. Ces ajustements concernent entre autres les Managers, surtout ceux qui ont le sentiment d'une perte de pouvoir à cause de la distance et qui devront notamment remettre en question leur façon de gérer et d'animer les équipes. De même, les télétravailleurs devraient repenser leurs modes de communication interpersonnelle, aussi bien avec les autres collaborateurs qu'avec leur hiérarchie, et s'interroger sur la meilleure façon de contribuer efficacement au travail de l'équipe – et donc aux objectifs stratégiques de l'entreprise- depuis la distance d'où ils opèrent.

Car en télétravail, tout est différent : aussi bien pour les managers -qui peuvent d'ailleurs exercer également par cette modalité de travail à distance- que pour les autres membres d'une équipe. Certains ajustements sont donc nécessaires, aussi bien au niveau de la coordination mise en place par le Manager que dans l'exécution des activités par les collaborateurs, afin d'atteindre des objectifs communs définis ensemble et qui devront être compris de tous. Ces ajustements doivent notamment s'établir par : la collaboration, le travail d'équipe, la communication, l'établissement des objectifs et l'évaluation des performances. Ils doivent se faire également dans le processus d'identification des problèmes et de résolution des conflits au sein d'une équipe « virtuelle », afin d'augmenter la productivité et de créer un environnement de travail adéquat pour tous les employés, alors même qu'un grand nombre d'entre eux opèrent en télétravail.

Pour résumer on peut dire qu'être efficace en télétravail ne s'improvise pas : plusieurs ajustements professionnels sont nécessaires, et chaque

CHAPITRE III : AJUSTEMENTS PROFESSIONNELS

télétravailleur devrait en tenir compte afin de satisfaire pleinement les exigences de son rôle à distance. Basés sur mon expérience professionnelle de plus de 10 ans en télétravail, les paragraphes suivants offrent, d'une façon non-exhaustive, quelques propositions d'ajustements possibles pour chaque problème auquel le télétravailleur peut être confronté. Ces attitudes et bonnes pratiques ont été testées et approuvées, aussi bien par mes collègues que par moi-même, et permettent de faire face plus efficacement aux difficultés et challenges professionnels rencontrés avec le télétravail.

La solitude

« Le travail ne suffit pas, même à l'existence la mieux remplie. La vie personnelle et sociale a aussi ses droits et des exigences et ne peut être niée sans danger. »

Reine Malouin

La solitude : l'enfer c'est l'absence des autres

Si au début tout le monde apprécie énormément la grande autonomie qu'offre le fait d'effectuer son travail depuis son domicile ou depuis n'importe quel endroit du monde, force est de constater que nous ne sommes pas obligatoirement tous préparés à assumer la solitude que cette autonomie engendre quand on se retrouve isolé, face-à-face avec soi-même, au moment de travailler. Pour bon nombre de mes amis et collaborateurs, le manque de contact et d'interaction sociale est la principale raison invoquée pour refuser de se mettre au télétravail. Alors que traditionnellement, pour certains, l'enfer au bureau ce sont les autres, maintenant le nouveau paradigme virtuel fait que le travail est devenu « *l'enfer de l'absence des autres* ».

Car se trouver physiquement entouré de ses collègues offre un certain réconfort : leur présence peut apporter un effet calmant et relaxant. Bien au-delà du simple café partagé entre deux dossiers, les collaborateurs étaient également là pour satisfaire certains de ces besoins émotionnels et instinctifs qui composent la vie humaine : la sociabilité. En télétravail, tout est différent car on se retrouve seul(e) avec soi-même toute la journée, voire même pire, en soirée aussi dans le cas des personnes célibataires sans vie sociale ni projet personnel.

Seul au monde dans la distance

Le manque total de contact, de chaleur humaine et d'interaction physique – que ce soit entre amis et collègues pendant la journée, ou même avec des inconnus lors du trajet pour se rendre au bureau – génère chez certains télétravailleurs une véritable anxiété, un sentiment de mal-être et d'immense solitude. Ils regrettent alors avec une nostalgie teintée d'affection l'animation des échanges et la compagnie de leurs collaborateurs directs – ceux-là même qu'ils avaient, pourtant, parfois trouvés ennuyeux par le passé. Cette situation est encore plus grave pour les gens dont la vie sociale se réduisait aux contacts professionnels et aux interactions entre collègues. Quel que soit le cas, il faut s'interroger et identifier les vraies raisons de sa solitude, sans se mentir à soi-même : savoir les hiérarchiser permet de ne pas se tromper de priorité au moment de mettre en œuvre l'action de prévention ou de correction appropriée. Pourquoi se sent-on seul(e) ? Est-ce-que ce sont vraiment le contact et l'interaction physique qui nous manquent ? Ou les sorties « *afterwork* » pour sortir boire un verre, diner ? Est-ce l'absence totale de personne avec qui avoir des échanges au cours de la journée ? Etc.

Propositions d'ajustements possibles contre la solitude

- **Travailler auprès de ses proches** : il ne faut pas oublier que le télétravail permet de réaliser son activité professionnelle depuis n'importe quel endroit du monde, et qu'on peut donc très facilement vivre et s'installer aux côtés des personnes qui nous sont chères. En plus de 10 ans de télétravail j'ai toujours vécu dans la ville de résidence de ma compagne, car c'était plus facile pour moi de la suivre. Même quand elle était en déplacement professionnel je pouvais l'accompagner car je pouvais travailler depuis l'hôtel et la retrouver plus tard pour découvrir ensemble la ville où nous étions. De la même façon, quand il nous était impossible de prendre nos vacances en même temps cela ne nous empêchait pas de partir : je travaillais pendant la journée et nous profitions des soirées et des pauses déjeuners pour être ensemble.

- **Avoir une vie sociale** : on ne peut pas se reposer entièrement sur ses collègues de travail pour pallier une vie sociale défaillante. Pour combler ce vide rien ne peut remplacer les contacts et les activités qui relèvent de la sphère personnelle. Il est en effet stupide de tout sacrifier pour le travail... Il y a une vie au-delà ! Dans cette optique, vos collègues ne devraient pas être vos seuls amis, car sinon, que restera-t-il une fois que le travail sera terminé ? On ne peut pas ignorer l'aventure humaine en-dehors du développement professionnel. Ne vous enfermez pas dans la solitude : efforcez-vous de rejoindre un groupe d'activités (sport, marche, lecture, méditation), une association, ou encore les réseaux sociaux qui connectent les gens entre eux (InterNations, Meetup, OnVaSortir, etc.) Et, pourquoi ne pas vous engager dans la politique, où vous pourriez contribuer à votre manière à la construction d'une société plus en phase avec vos critères ? Je sais que cela peut paraître paradoxal de socialiser pour être productif – au lieu de travailler - mais cet investissement en termes de temps a des effets bénéfiques : cela permet de réduire le niveau de stress et cela nous rend plus énergiques, plus engagés et, en un mot, plus résilients. Avoir cette sorte de protection sentimentale que représente la vie sociale nous rend également plus tolérants et résistants face aux échecs. Il faut s'engager dans des activités en-dehors de son travail et s'entourer de gens souriants, positifs,

CHAPITRE III : AJUSTEMENTS PROFESSIONNELS

qui n'ont absolument rien à voir avec l'activité professionnelle. Se priver d'une vie sociale digne de ce nom signifierait aussi passer à côté du bonheur et de l'amitié. Une personne dont la vie sociale est assez remplie peut travailler seule sans problème, pourvu que des stimuli l'attendent à la fin de sa journée.

- **Avoir un projet personnel** : pour se réaliser complètement il est impossible de se contenter de son travail et de sa vie sociale : il faut aussi définir en parallèle un projet personnel, sous la forme de quelque chose qui contribuerait à avoir un impact sur le monde. Ce genre d'initiatives nous insuffle de l'énergie car cela donne un sens -et donc une direction- à notre vie. C'est le genre projet complémentaire qui fait changer notre histoire et fait évoluer notre avenir différemment. Cela permet d'apporter son grain de sable à la société au lieu d'en être toujours un simple consommateur et/ou spectateur. Concrètement on peut le faire en écrivant un livre, en animant un blog, en devenant bénévole, en créant son propre groupe de musique ou encore en se lançant dans la politique. J'ai un ami, télétravailleur en Normandie, qui y a créé son propre musée sur la deuxième guerre mondiale. Une autre de mes amies fait de l'humanitaire en consacrant un peu de son temps libre à aider les enfants en difficulté scolaire. J'ai moi-même écrit quelques ouvrages, dont celui-ci, dans le cadre de mon projet personnel... C'est une forme d'interaction, avec la société, en dehors du travail. Lorsque nous nous investissons dans ce type de projets nous communiquons avec le reste du monde, et nous ne ressentons plus la solitude imposée par le télétravail de la même façon puisque nous avons désormais, en parallèle, la motivation de retrouver cette occupation en fin de journée ou pendant notre temps libre.

- **Utiliser un espace de coworking** : c'est une solution particulièrement efficace quand on n'aime pas la solitude de travailler seul chez soi. À Madrid, il m'arrive par exemple d'aller à *La Piscine*, un centre de coworking créé par deux françaises. Les espaces de coworking sont aussi en général des lieux de *networking* et d'*afterwork*. On y retrouve d'autres télétravailleurs, mais aussi des entrepreneurs, des hommes et femmes de tout horizon... En résumé, des personnes de toutes catégories avec lesquelles on peut échanger des discussions souvent informelles et parfois enrichissantes. Ce sont des endroits où les gens confluent, et comme toujours quand il s'agit de rencontres –même si celles-ci ne sont pas fortuites- tout peut arriver.

- **Préserver les petits liens du quotidien** : le sentiment de solitude est une manifestation personnelle du désir que nous avons tous de maintenir toutes sortes d'interactions sociales, y compris celles qui relèvent de ce qu'on appelle « l'interaction faible » : à savoir, avec les gens que nous connaissons moins ou pas du tout, mais qui sont malgré tout susceptibles d'avoir un fort impact sur notre quotidien. Il est donc fondamental de ne pas oublier de fréquenter son voisin, de socialiser avec les commerçants de son quartier, d'aller au marché et de papoter avec les gens que nous ne connaissons pas, de déjeuner avec des personnes qui sont, comme nous, en télétravail, de discuter avec des inconnus à la salle de sport, etc. En résumé il faut savoir cultiver les relations à interaction faible avec chaque personne que l'on croise, et avec laquelle on n'a pas forcément de discussions régulières.

Absence d'interaction physique avec les collaborateurs – échanges froids

Pour certains télétravailleurs le pire c'est l'absence d'interaction physique et informelle entre les collaborateurs : à la longue nous pouvons même avoir le sentiment que tout partage ou échange est impossible avec eux. Ainsi, la communication nous donne parfois

CHAPITRE III : AJUSTEMENTS PROFESSIONNELS

l'impression d'un rapport « froid », qui n'aide pas vraiment à la collaboration. En effet, les échanges par outils virtuels interposés ne remplaceront jamais la chaleur humaine qui se ressent en face à face avec l'interlocuteur. Dans les bureaux « classiques » il nous suffisait de faire quelques mètres ou d'aller d'un étage à l'autre pour voir et discuter directement avec nos collaborateurs, et on ne mesure jamais assez l'importance de ces interactions physiques et informelles avec les collègues. Que ce soit dans les couloirs, dans la cuisine ou même souvent autour de la machine à café, la confiance nait de ces échanges fortuits où des liens forts entre collaborateurs se créent en raison de la nature spontanée et personnelle de ces conversations. Malheureusement tout cela disparaît quand le lieu de travail est « virtuel » et que nos collaborateurs sont disséminés de par la ville, l'état, le pays ou le globe terrestre. C'est pourquoi il faut apprendre à s'adapter, aussi bien dans notre manière de communiquer que dans les interactions que l'on peut avoir avec nos collaborateurs, car sinon nous risquons de ressentir un sentiment de solitude face aux tâches à accomplir et aux difficultés supplémentaires que cela suppose.

Propositions d'ajustements possibles contre l'absence d'interaction

- **L'effet de la *Propinquité*** : il ne faut pas hésiter à « sur-communiquer » avec ses collaborateurs à travers tous les outils possibles de communication en ligne (messageries instantanées, email, téléphone, vidéoconférence, …) afin de produire l'effet dit de la « *propinquité* » : à savoir que plus vous aurez d'interaction avec vos collaborateurs, plus vous les aimerez et plus vous deviendrez amis avec eux –voire plus si affinités. Je me souviens notamment de l'exemple de Judith et de Mike : la première vivait à Houston et le second à Londres, mais à force de se côtoyer « virtuellement » pour le travail ils ont fini par emménager ensemble et ils vivent désormais aux Pays-Bas. Car, en plus d'améliorer la collaboration –et donc l'effectivité professionnelle- l'effet de la propinquité peut aussi être le point de départ d'une relation bien réelle, créant amitiés, mariages entre autres possibilités de dynamiques sociales. Un second cas qui me vient à l'esprit est celui de Nathalie, qui était mon vis-à-vis chez l'un de mes clients : elle s'est arrêtée à Amsterdam pour me rendre visite avant d'aller voir son copain de l'époque à Copenhague. Nous avions tellement bien travaillé, toujours en « virtuel » et dans le cadre d'une relation client-fournisseur, qu'elle voulait à tout prix me rencontrer pour me remercier de mes efforts à distance. Il faut bien comprendre qu'aujourd'hui le travail a changé : il est devenu plus complexe, et on ne peut plus être compétent en solitaire. Si les télétravailleurs n'ont plus le temps d'échanger ils deviennent mal à l'aise par rapport à leur fonction et, donc, moins compétents. À l'inverse, plus ils auront d'interactions entre eux et plus la sympathie et leur envie de travailler ensemble augmenteront -et plus ils seront productifs pour l'entreprise.

- **La machine à café « virtuelle »** : messageries instantanées ou appel téléphonique « ad hoc ». Le télétravail est rendu possible grâce à l'Internet à haut débit, ce qui signifie que nous pouvons également avoir des interactions en ligne à tout moment. Il ne faut donc pas hésiter à communiquer de manière opportune et impromptue avec nos collaborateurs, notamment par le biais des messageries instantanées, comme si nous les croisions à la machine à café. Pour surmonter l'impression de solitude et pour s'informer mutuellement nous pouvons engager la conversation sur tous les sujets, qu'il s'agisse d'intérêts communs ou d'autres thèmes plus personnels. Ces interactions ad hoc peuvent tout aussi bien porter sur les aspects individuels que professionnels, et ces moments particuliers offrent toujours la possibilité d'explorer des idées et de découvrir les perceptions d'autrui. Il est possible de se sentir moins seul en parlant de vive voix à quelqu'un d'autre pour aborder un thème différent, histoire de

CHAPITRE III : AJUSTEMENTS PROFESSIONNELS

partager des sentiments ou d'échanger des expériences. Un simple mot, une simple phrase, une conversation impromptue par messagerie instantanée ou un appel à l'improviste peuvent nous éclairer, nous faire vibrer et nous faire basculer dans un état plus joyeux. Les contacts spontanés et informels ne sont pas la solution à tous nos problèmes, mais ils ont au moins le mérite de nous réconforter, de nous stimuler et de nous pousser à l'action.

- **Connecter avec ses collaborateurs sur des sujets personnels :** lors de ces échanges impromptus il faut savoir sortir du cadre du travail et aborder les sujets qui nous touchent plus individuellement, exactement comme nous le ferions au cours de conversations devant la machine à café. En effet, même si l'échange est virtuel, les membres de l'équipe et les relations sont, eux, bien réels. Connaître personnellement ses collaborateurs aide à travailler plus efficacement avec eux car cela développe une mutuelle empathie : nous créons ainsi une zone de confort et une atmosphère de confiance – un aspect important sur lequel nous reviendrons en détail un peu plus tard. En plus de 10 ans de télétravail, je peux affirmer que je connaissais mieux mes collaborateurs que si nous nous étions côtoyés dans le cadre d'un emploi traditionnel ; pour certains je savais pratiquement tout de leur vie sans jamais, pour autant, les avoir rencontrés physiquement. Ces relations virtuelles – avec des personnes qui sont pourtant bien réelles - peuvent représenter un réel coup de pouce pour la confiance professionnelle. Par exemple, en apprenant que Saskia aimait bien faire du jogging entre 7 heures et 9 heures du matin parce qu'elle préparait son premier marathon, nous nous sommes efforcés, pour elle, de ne commencer les réunions qu'après 9 heures. Nous l'encouragions tous à chaque début de session, et nous avons même créé un blog pour elle... Sans oublier que, bien sûr, nous avons vibré à ses côtés et nous avons partagé sa joie quand elle a finalement réussi son exploit personnel. Même si nous n'avons jamais croisé Saskia son histoire nous a inspirés, et cela a permis de motiver tout le groupe pour travailler. Je connais plein d'autres histoires de ce genre : quand les membres d'une équipe de télétravail sont personnellement connectés ils ressentent moins la solitude car ils se sentent portés par le groupe. En ce qui me concerne je suis un grand amateur de rugby, ce qui m'a rapproché de plusieurs de mes collaborateurs : nous nous sommes donné rendez-vous dans tous les stades du monde pour voir le tournoi des 6 nations en Europe ou encore la coupe du monde en Nouvelle Zélande. Il est avéré que le télétravail, à travers ses outils virtuels, peut bel et bien connecter les gens dans le réel.

- **Bien définir les rôles et les responsabilités** : la collaboration, associée donc à l'interaction virtuelle, est beaucoup plus efficace quand les rôles et les responsabilités sont clairement définis et compris par chaque membre de l'équipe. Il est moins évident de se sentir isolé quand on sait exactement quelle partie de la tâche nous incombe individuellement - c'est-à-dire, ce qu'on peut faire indépendamment des autres- et quels sont en revanche les aspects du travail qui vont requérir une étroite collaboration. Ces derniers exigeront évidemment une interaction soutenue ; pas forcément « physique », celle-ci pourra le plus souvent se faire par le biais d'une téléconférence ou visioconférence.

- **Une mêlée quotidienne « virtuelle » de 15 minutes au maximum** : calquée sur le SCRUM, c'est une méthode Agile conçue pour le management de projet. Je trouve que le fait d'organiser une réunion quotidienne virtuelle pour parler des résultats -et uniquement des résultats- obtenus par chacun des membres de l'équipe offre un double avantage : non seulement cela renforce l'intégration du collaborateur, lui permettant de se

CHAPITRE III : AJUSTEMENTS PROFESSIONNELS

sentir moins seul, mais en plus cela permet au groupe d'intégrer directement la notion de challenge, sans que le directeur ni le manager ne soit obligé d'intervenir en ce sens. C'est ce qu'on appelle la « peer pressure » : la « pression de ses pairs », qui se crée alors naturellement en offrant souvent une dynamique de groupe intéressante. Ce type de pression oblige chacun à être efficace, sous peine de se retrouver sans aucun résultat à communiquer : la solitude passe alors au second plan car on se sent motivé et concentré sur ses objectifs. Je n'ai jamais rencontré personne insensible aux challenges : il nous arrive même, dans ces moments-là, de préférer l'isolement afin de mieux travailler. Ce type de réunions permet en outre au manager de prendre la température de son équipe, en apprenant directement la performance de chacun de ses membres, tout en instaurant une dynamique de groupe fructifère. Il peut ainsi à la fois établir un « bilan de santé » collectif et individuel : mesurer les progrès de son équipe, tout en détectant les éventuelles difficultés des collaborateurs. Et pour les intégrants du groupe de travail c'est également très bénéfique car il est impossible de se sentir seul face à ses problèmes quand on développe ce sentiment d'appartenance à un projet commun.

- **Se connecter dans différents groupes professionnels** : il faut savoir faire partie de plusieurs groupes de discussions en ligne, que ce soit au sein ou en dehors de son entreprise, afin se connecter avec un plus grand nombre de personnes. Cela renforce le sentiment d'appartenance à la société et diminue l'effet de la solitude physique. J'ai par exemple pour ma part intégré le PMI (Project Management Institute), duquel je suis membre actif dans plusieurs pays. Grâce à ce groupe je peux communiquer avec des gens qui font le même métier que moi – ce qui nous permet d'échanger et de comparer les trucs et astuces pratiques à adopter- tout en améliorant mes compétences grâce aux séminaires et congrès qui sont régulièrement organisés.

L'isolement – charte de l'équipe virtuelle – le « group think »

« Refouler ses pensées, sentiments et façons de faire, c'est s'exposer à la maladie, grave ou bénigne. »

James Pennebaker

D'un point de vue personnel, le télétravail peut parfois devenir une expérience catastrophique quand le télétravailleur ne s'adapte pas à la solitude et à l'isolement d'opérer seul, à distance, loin de ses collaborateurs. L'isolement peut même avoir des incidences sur l'état psychique du salarié : cet état de fait est d'autant plus difficile à vivre qu'il peut nous rendre plus vulnérable au stress, et donc plus irritable. L'un de mes collègues, à force de se sentir isolé, s'est ainsi complètement replié sur lui-même ; il a sombré dans la dépression et a perdu confiance en lui. Il ne se rasait plus, il ne prenait plus soin de lui, et il avait perdu le goût des petits plaisirs sous le prétexte que « de toute façon, ce n'était pas ça qui allait lui changer la vie ». Il avait perdu confiance en ses capacités professionnelles, il doutait même de son efficacité à gérer cette modalité d'emploi, et il s'est finalement juré de ne plus jamais faire de télétravail. D'un point de vue professionnel, le télétravail limite uniquement les contacts physiques, ce qui peut se traduire par un manque de cohésion entre collaborateurs, voire un isolement total pour certains, car chacun travaille chez soi, dans la solitude de son domicile.

Confirmant l'adage « Loin des yeux loin du cœur », nous ne nous sentons alors ni aimé ni apprécié : nous avons l'impression d'être exclus, de n'appartenir à rien, d'être délaissés et livrés à nous-même, que nos efforts ne servent pas à l'entreprise et que personne ne remarquerait si nous cessions de les faire. Comme dans une relation amoureuse à distance, ce ne sont pas tant les kilomètres qui séparent mais plutôt l'absence d'amour qui cause l'isolement et le détachement de l'autre. Ainsi, entretenir la flamme et le sentiment d'appartenance à son entreprise, *quand nous sommes en télétravail*, peut sembler être un début de solution pour lutter contre l'isolement et ses conséquences sur la perte d'intérêt par rapport à son travail et à l'entreprise. Cultiver un sentiment d'appartenance facilite en effet l'épanouissement au sein d'une équipe. Pour travailler vraiment bien nous devons nous identifier à l'entreprise : sentir que, même si nous sommes géographiquement « isolés » notre travail compte, savoir que nous faisons partie d'une aventure commune pour atteindre - voire dépasser - les objectifs stratégiques et que nous sommes capables d'apporter notre brique à l'édifice -ce qui n'est pas toujours évident depuis la distance.

Sachant que même entouré de collaborateurs il est déjà possible de se sentir seul et isolé, ce sentiment est encore plus violent quand il nous assaille au milieu de cette sorte de confinement que provoque le télétravail. Dans les paragraphes qui suivent nous allons explorer plusieurs variables d'ajustements en fonction du type d'isolement que nous pouvons ressentir.

Les différents types d'isolement

De manière générale et non exhaustive, j'ai pu observer chez mes collaborateurs - en télétravail tout comme moi - les différents types d'isolement suivants :

- **L'isolement physique** : il touche tous ceux qui font du télétravail car on est toujours seul, face à son ordinateur, dans le confort de chez nous. Certains peuvent se sentir bien entourés grâce au nombre d'échanges virtuels avec les collaborateurs, les clients ou les fournisseurs. C'est d'ailleurs souvent mon cas, mais pour d'autres cela ne se passe pas toujours aussi bien et ils peuvent également ressentir les autres types d'isolement évoqués ci-dessous.

- **L'isolement émotionnel** : dans ce cas, soit le télétravailleur n'a pas la maturité interpersonnelle suffisante pour exprimer ses émotions (joies, frustrations, peines, souffrances, ...) à son entreprise ou à ses collaborateurs, et prend alors tout sur lui, soit son entreprise ne lui offre pas la plateforme adéquate pour le faire. Dans une absence totale d'interaction physique, chacun meuble l'ambiguïté propre aux relations à distance par sa propre perception, et certains se font parfois tout un film qui s'éloigne souvent beaucoup de la réalité. Nous sommes tous déjà passés au moins une fois par la désagréable expérience d'envoyer un message émotionnellement neutre, que le destinataire a ensuite interprété comme étant hostile. Physiquement isolés, seuls à la maison pour travailler, si en plus nous nous enfermons dans des interprétations erronées de chaque message que nous recevons et que nous n'osons pas nous confier à un collègue, à notre hiérarchie ou aux Ressources Humaines, nous finissons par devenir aussi complétement isolés émotionnellement. Nous pouvons alors nous sentir très désabusés, et peut-être même que si nous nous décidons à nous confier à ce moment-là nous continuerons à nous sentir incompris. Le pire c'est quand nous n'avons personne, que ce soit dans notre vie sociale ou dans notre vie privée, à qui nous confier... Ce type d'isolement conduit à la tristesse, voire à la dépression.

- **L'isolement relationnel subi :** c'est la forme d'isolement la plus violente car nous nous sentons abandonnés chez nous, délaissés et exclus de tout ce qui se passe dans les travaux collectifs, qui requièrent normalement un échange au sein du groupe. Cela peut arriver aux collaborateurs qui intègrent une équipe composée d'individualistes, de personnes animées uniquement par la compétition et qui ne veulent rien partager. Le pire, dans ce cas, c'est l'indifférence et le manque d'information et de réponses aux différentes requêtes exprimées par l'employé à sa

CHAPITRE III : AJUSTEMENTS PROFESSIONNELS

hiérarchie ou à ses pairs. Cette situation est notamment à déplorer quand le télétravailleur est laissé pour compte, abandonné à son sort et sans aucun suivi de la part du management.

- **L'isolement relationnel volontaire** : le télétravail aidant –en assignant l'employé à son domicile- certaines personnes choisissent volontairement de s'isoler et d'éviter les interactions virtuelles avec leurs collaborateurs. Cette préférence peut avoir plusieurs raisons :

1. La peur de contacter les collègues par le biais des messageries instantanées de l'entreprise –par simple timidité, ou par peur de leurs réactions.

2. L'esprit de compétition, qui incite à garder pour soi les résultats obtenus. Ce type de collaborateur utilise généralement son équipe pour se faire bien voir par sa hiérarchie.

3. Une autre activité ou des projets en parallèle, qui ne laissent pas le temps à l'employé de se consacrer pleinement à son télétravail. Un de mes collègues était chauffeur de taxi Uber en même temps qu'il exerçait son activité de télétravail, et il avait toujours des excuses pour ne pas assister aux conférences téléphoniques : il prétextait avoir d'autres tâches plus importantes qui lui exigeaient de se déconnecter de tout type de messagerie afin de pouvoir se concentrer.

- **L'isolement décisionnel – les victimes du « group think »** : le télétravailleur est exclu des processus de décision et mis devant le fait accompli de décisions déjà prises par la majorité des membres de l'équipe, ceux qui travaillent depuis le siège. Voire pire, une pression est exercée sur le télétravailleur pour s'aligner avec la décision prise en amont, sans sa contribution. La proximité génère de la complaisance, et le fait que la décision soit prise par la majorité des présents au siège-même de l'entreprise, quoique sans l'adhésion des personnes en télétravail, donne l'illusion d'une unanimité.

- **L'isolement promotionnel et l'absence de développement professionnel** : le télétravailleur craint de ne pas profiter des mêmes promotions et du même avancement que ses collègues qui travaillent au siège central de l'entreprise. Il ressent que sa carrière stagne et que ses supérieurs ne lui offrent aucune possibilité d'évoluer ni de se développer au sein du projet. C'est en effet un fait avéré que le manque de contact physique limite les lobbyings nécessaires aux promotions... Je n'ai pas de solution d'ajustement pour ce type d'isolement. N'ayant jamais eu l'ambition d'avoir une ascension verticale, je préfère pour ma part les progressions latérales, en tant que Manager de Projet ou de Programme, dans différents secteurs qui offrent chacun leurs propres challenges.

- **L'isolement du manager face à une équipe qui ne répond plus à son style de management** : la condition pour être un leader c'est que des personnes nous suivent, car se seront toujours elles qui définiront ce type de fonction. Un manager à distance n'est plus en capacité de diriger son équipe si ses membres ne répondent plus, ou s'ils n'appuient pas son style de management. Ce leader à distance, incapable de gérer les comportements réfractaires des télétravailleurs, se sentira isolé et mal-aimé, surtout si les membres de son équipe établissent entre eux des relations desquelles il se sent exclus.

CHAPITRE III : AJUSTEMENTS PROFESSIONNELS

Quelques ajustements possibles contre l'isolement

Certaines personnes ont besoin de relations réelles, et non virtuelles, pour s'épanouir professionnellement. Ces personnes ne devraient en aucun cas faire du télétravail. Pour les autres, il existe plusieurs ajustements possibles face aux différents types d'isolements que j'ai énumérés plus haut.

Ces suggestions ne sont pas exhaustives mais elles ont fait leurs preuves :

- **Le télétravailleur doit en parler et solliciter de l'aide :** la première mesure à adopter est d'en parler dès qu'un sentiment d'isolement commence à se faire sentir. Cela semble évident, pourtant beaucoup de gens n'osent pas briser le silence, pour diverses raisons : peur d'être mal jugés quant à leur adaptation au télétravail, peur de perdre leur emploi, etc. Ce n'est un aveu de faiblesse que de demander de l'aide, de chercher des soutiens, d'en parler à sa hiérarchie, à ses pairs, et aussi autour de soi. Le sentiment de solitude, avec le risque de burn-out qui s'ensuit, se fera bien vite sentir si le télétravailleur renonce à communiquer son mal-être et à chercher des appuis auprès de son entreprise. En se renfermant sur soi, le télétravailleur risque de tout perdre : les possibilités d'évolutions personnelles et les relations interpersonnelles enrichissantes.

- **Le télétravailleur doit avoir une attitude proactive pour chercher une solution :** au lieu d'attendre que la hiérarchie propose des solutions, il faut savoir être soi-même sa propre source de propositions. On peut, par exemple, tisser des relations de convivialité en dehors du travail avec ses collaborateurs, afin de se sentir moins isolé. Pour ma part il m'est déjà arrivé d'aller rendre visite à mes collègues à l'autre bout du monde, à mes propres frais : ils étaient ravis de me voir et de me faire découvrir leurs univers. C'est grâce à eux, par exemple, que j'ai pu découvrir toute la partie de l'île du Nord de

CHAPITRE III : AJUSTEMENTS PROFESSIONNELS

la Nouvelle-Zélande. Je dois cet excellent souvenir à mon ancien manager, que je n'avais jamais croisé auparavant car nous étions tous les deux en télétravail. Mes collègues des États-Unis m'ont, quant à eux, emmené faire du golf, et je suis allé avec eux m'entraîner dans des stands de tirs. En France, ils m'ont même invité au Parc des Princes à Paris pour voir le PSG de Neymar jouer... Pour ne citer que quelques-uns de ces moments particulièrement gratifiants, que je n'aurais sûrement jamais connus par ma seule initiative et auxquels m'ont permis d'accéder mes collaborateurs, qui étaient tous, comme moi, en télétravail.

- **Le télétravailleur, sans attendre la décision du Manager, peut prendre soin des autres** : une bonne façon de sortir de l'isolement est de se sentir utile, car cela renforce l'estime de soi et change la dynamique relationnelle. Nous pouvons par exemple contribuer à la création d'une bonne ambiance virtuelle en animant le blog de l'équipe, ou encore organiser une conférence téléphonique surprise pour souhaiter un bon anniversaire à l'un de nos collaborateurs, instaurer un groupe de Chat sur les sujets d'entraide et de solidarité informelle... Il ne s'agit pas d'en faire trop, mais plutôt de faire simple : on peut se rendre utiles de diverses façons, même quand on fait du télétravail. Il ne faut pas oublier que les relations humaines, même entre collaborateurs à distance, restent la pierre angulaire de la satisfaction professionnelle, et qu'avoir une bonne relation avec les autres permet de se sortir de l'isolement.

- **L'entreprise doit créer une « charte de l'équipe virtuelle » - une culture d'entreprise** : un collaborateur peut se comporter comme tous les autres... Mais il peut aussi se comporter comme aucun autre ! Chaque télétravailleur réagit différemment, et c'est pourquoi il faut définir un code de conduite « virtuel », une sorte de charte qui contemple une série de règles et de principes à adopter dans le cadre du télétravail. Cette charte doit définir non seulement les limites et le contexte du télétravail, mais aussi le droit et les devoirs de chacun. Elle doit également comprendre une définition claire et précise du plan de communication pour que personne ne sente isolé ou délaissé.

- **L'entreprise doit imposer une présence physique de temps en temps** : l'entreprise ou les chefs d'équipe doivent régulièrement réunir physiquement tous leurs employés et faire venir au siège central les télétravailleurs, afin de renforcer le sentiment d'appartenance, limitant ainsi le sentiment d'isolement. Il faut trouver l'occasion –un événement, par exemple- pour réunir les collaborateurs afin qu'ils se retrouvent en dehors du contexte du travail.

- **Le manager doit définir un objectif S.M.A.R.T (Spécifique, Mesurable, Atteignable/Acceptable ou Ambitieux, Réaliste et Temporellement défini) à son équipe** : quand chaque collaborateur a une vision claire et précise de son propre objectif et de la façon dont le télétravailleur contribue au projet commun de l'équipe, du département, ou de l'entreprise, alors l'employé à distance se sent moins isolé car il sent qu'il participe à quelque chose de plus grand. Définir un objectif augmente le sentiment d'appartenance et diminue l'effet d'isolement : cela donne un repère et un cadre au télétravailleur.

- **Évaluation régulière de la performance** : le télétravail n'offre pas la possibilité de féliciter le collaborateur d'une tape amicale sur l'épaule quand ses performances sont excellentes, et il ne permet pas non plus les « tapes hostiles sur les doigts » quand ses performances sont moins bonnes. C'est pourquoi le manager de l'équipe doit régulièrement évaluer, en collaboration directe avec le télétravailleur, la performance de celui-ci, car le sentiment d'isolement a tendance à se répercuter aussi sur la performance. Le manager et l'employé doivent définir ensemble les actions préventives ou correctives nécessaires à améliorer le bien-être du télétravailleur, afin de mettre ce dernier dans les meilleures conditions pour être efficace dans son travail à distance.

- **Le Manager et le travailleur peuvent trouver la solution dans les livres** : il est également possible de puiser dans la littérature pour trouver une réponse à son isolement. Lire des ouvrages sur le sujet, c'est apprendre et découvrir un autre monde, et cela nous permet en même temps de comprendre qui nous sommes vraiment afin de mieux définir quelle sera notre solution idéale et personnalisée pour lutter contre cette solitude. Plus nous en apprendrons sur nous-même et plus il nous sera facile de découvrir quelle solution nous convient - et plus, par conséquence, nous nous épanouirons.

- **L'entreprise doit embaucher des Leaders et des Managers possédant un « savoir-être et savoir-faire virtuel »** associé à une grande expérience du management d'équipes en télétravail. Un responsable expérimenté en management virtuel doit être capable de gérer à distance les émotions (joie, colère, frustration, isolement, solitude, etc.) ainsi que les relations entre tous les membres de l'équipe, en sachant que chacun se comporte différemment et vit le télétravail à sa manière. Le manager doit avoir les compétences nécessaires pour stimuler les télétravailleurs afin que ceux-ci ne se laissent pas gagner par la démotivation. Enfin, le manager doit avoir un sens de la communication virtuelle qui lui permette, au-delà des informations d'ordre technique qui seront obligatoirement partagées, d'instaurer et d'entretenir une interaction à caractère sensoriel avec le télétravailleur. Une section ultérieure de cet ouvrage sera d'ailleurs consacrée au management des équipes à distance.

CHAPITRE III : AJUSTEMENTS PROFESSIONNELS

Souffrir de l'isolement professionnel dans le cadre du télétravail est une expérience vitale qu'il convient de ne pas ignorer, et qui requiert des ajustements. En effet, la personne qui en est victime ne se sent plus en adéquation avec ce qu'elle fait, ni sur le fond, ni dans la forme. Il faut avoir le courage de mettre en place les mesures appropriées, sous peine de voir faiblir ou même disparaître notre motivation, ce qui peut avoir des conséquences aussi bien dans notre vie professionnelle qu'au niveau de notre épanouissement personnel.

La confiance

> *« Confiance : Croyance spontanée ou acquise en la valeur morale, affective, professionnelle... d'une autre personne, qui fait que l'on est incapable d'imaginer de sa part tromperie, trahison ou incompétence »*
>
> *Définition de la confiance du CNRTL (Centre National de Ressources Textuelles et Lexicales, s.d.)*

Climat de doute et de méfiance dans le cadre du télétravail

La confiance, c'est « l'idée que nous pouvons nous fier à quelqu'un pour faire quelque chose que nous lui avons demandé de faire. » Appliquée au télétravail, la confiance c'est quand l'entreprise croit que son employé(e) est totalement engagé, performant et efficace malgré l'éloignement dû à cette modalité du travail à distance.

Il m'est arrivé souvent, au fil de mes années d'expérience en télétravail, de tomber sur des collaborateurs injoignables - que ce soit par téléphone ou par courrier électronique - pendant plusieurs heures, voire même toute une journée. Cela ne veut pas dire pour autant qu'ils ne faisaient pas correctement leur travail, car à l'inverse certaines personnes peuvent être joignables à tout moment mais ne font pas bien – voire même pas du tout – la tâche qui leur est assignée. Il y a ceux qui passent de longues heures à leurs postes de travail sans être productifs, et puis il y a ceux qui sont capables d'y passer très peu de temps pour un excellent rendement. L'idée c'est de travailler intelligemment plutôt que de travailler dur : l'efficacité et la performance ne dépendent pas du temps de présence en ligne. En effet il existe d'autres formes d'absence, ou encore de manque d'intérêt et/ou de professionnalisme, qui sont tout aussi insupportables. Par exemple on rencontre des télétravailleurs qui font autre chose pendant les conférences téléphoniques ; ils appellent cela le « multitasking » mais rien n'est plus frustrant que de devoir leur répéter les questions parce qu'ils ne sont pas concentrés sur l'échange en cours. Il y aussi ceux qui se consacrent directement à autre chose pendant leurs heures ouvrées, et cela sans le moindre scrupule. J'ai ainsi connu un télétravailleur qui passait plus de temps sur son projet personnel -la création de son startup- qu'au télétravail en lui-même. J'en ai également connu un qui prenait sur son temps de travail pour faire des travaux dans sa maison de retraite au Portugal. Et puis, parallèlement à cela j'en connais beaucoup d'autres qui, injoignables, n'en restent pas moins performants et efficaces. Néanmoins, le fait d'être impossible à contacter ou encore absent et silencieux pendant les réunions téléphoniques sème le doute sur l'engagement réel du télétravailleur : peut-on être sûr que celui-ci accomplit bien la tâche qui lui a été assignée ? La suspicion de la hiérarchie vis-à-vis du télétravailleur peut s'installer très rapidement, entraînant directement un manque de confiance.

Mais la confiance c'est aussi, pour l'employé, l'idée que l'entreprise prend en compte ses intérêts et qu'il existe un engagement sincère, fidèle et réciproque. Le télétravailleur doit pouvoir compter sur le soutien à distance de son employeur, et celui-ci doit reconnaître et subvenir aux besoins légitimes du professionnel – en ce qui concerne, notamment, l'avancement et le plan de carrière. Cependant, sans signes tangibles – comme des actions concrètes- de la part de l'employeur, le télétravailleur risque de se voir confronté au manque de soutien dans son rôle à distance, et le sentiment de doute et de méfiance peut alors

CHAPITRE III : AJUSTEMENTS PROFESSIONNELS

très vite gagner son esprit : il peut adhérer à des interprétations négatives telles que « mon chef envisage probablement de me remplacer » ou encore « cette entreprise néglige totalement le développement de ma carrière » ... C'est un sentiment de réelle insécurité professionnelle qui s'empare alors du salarié. Il faut savoir que certaines entreprises n'hésitent pas à laisser leurs employés à distance livrés à eux-mêmes, sans aide ni support, et que d'autres encore poussent le vice de l'économie jusqu'à l'extrême en exigeant au télétravailleur, de façon préalable à son embauche, qu'il fournisse intégralement le matériel utilisé, de l'ordinateur jusqu'au téléphone portable en passant par les éventuelles fournitures complémentaires. Bien sûr, les frais d'électricité, de connexion Internet pour travailler en ligne et du contrat de téléphone sont déjà, initialement, à la charge de l'employé.

Le climat de doute et de méfiance s'installe progressivement quand la confiance réciproque est ébranlée par de « petites choses », comme par exemple quand un employeur ne parvient pas à contacter un subordonné injoignable, ou quand un télétravailleur ressent un manque de considération de la part de son entreprise.

La confiance est comme l'amour, elle ne peut être que partagée : sans cette condition préalable un couple qui vit une relation à distance - ou un couple dont l'un des conjoints est souvent en voyage- peut finir par se voir confronté à des conflits assez fréquents. En effet l'éloignement provoque parfois des incompréhensions, voire de la méfiance ou de la jalousie car l'un des intégrants du couple -ou les deux- imaginent facilement d'éventuelles tromperies de l'autre. La confiance est le ciment du couple : elle représente la loyauté du cœur et l'intégrité de la conscience. Elle relève de l'engagement mutuel des deux partenaires à respecter les vœux et le contrat de mariage – ou de la relation effective- qui les unit. Il en va de même en entreprise, où il existe un contrat de travail - voire un contrat moral- entre l'employé(e) et sa hiérarchie, et où la confiance telle qu'elle est mentionnée plus haut est la clé de voûte de la réussite en ce qui concerne la modalité de télétravail.

Si l'employeur n'a pas confiance en son travailleur, s'il ne sent pas celui-ci capable de mener à bien ses fonctions dans la distance, il sera toujours dans la méfiance – voire dans la défiance- vis-à-vis de lui. De la même façon le salarié peut lui aussi perdre la confiance en son employeur : s'il estime que ce dernier ne s'implique pas suffisamment et/ou ne respecte pas son engagement vis-à-vis du contrat il peut entrer dans une relation de défiance, qui finira par l'isoler encore davantage. Le manque de confiance est une situation qui ne favorise pas les intérêts légitimes de l'entreprise. En effet, comment travailler ensemble pour atteindre les objectifs stratégiques quand l'équipe n'est pas soudée ? En plus de ne pas fournir les conditions idéales de travail ces circonstances peuvent dégénérer très rapidement et donner lieu à des relations éminemment toxiques : échanges conflictuels, niveau de stress particulièrement élevé... La séparation finale est alors parfois inéluctable.

Face au manque de confiance, dans le meilleur des cas le télétravailleur risque d'adopter un comportement défensif, d'autoprotection, susceptible de nuire à son propre développement... Et dans le pire des cas il peut aller jusqu'à se comporter de façon destructive et nocive, que ce soit envers l'entreprise ou à ses propres dépens. La confiance est donc l'un des facteurs clés pour garantir une entente cordiale, aussi bien entre l'entreprise et ses télétravailleurs qu'entre les collaborateurs eux-mêmes.

La confiance en tant que choix rationnel et conscient

Comme nous venons de le voir, la confiance est bien la base sur laquelle reposent les conditions favorables à une bonne relation entre l'entreprise et le télétravailleur, ainsi qu'une bonne communication interpersonnelle entre les collaborateurs. Relevant d'un engagement mutuel, la confiance libère le potentiel du télétravailleur et joue un rôle important dans sa performance : plus l'entreprise fera confiance à son employé et plus celui-ci répondra favorablement, potentialisant l'effet de son action par son envie de ne pas décevoir... Et vice-versa.

CHAPITRE III : AJUSTEMENTS PROFESSIONNELS

« L'homme a, en de nombreuses situations, le choix d'accorder ou non sa confiance sur certains points de vue. Mais, s'il ne faisait pas confiance de manière courante, il n'arriverait même pas à quitter son lit le matin. »

Nicklas Luhmann

La confiance accordée et accrue, de façon rationnelle et consciente, est donc une condition nécessaire à l'implication des personnes dans leur fonction, et la tranquillité d'esprit réciproque va créer une dynamique relationnelle dont les deux parties, l'entreprise et le salarié, seront bénéficiaires. En effet, si on traite les télétravailleurs comme des enfants ils travailleront comme des enfants, et si on les traite comme des idiots ils travailleront également à la mesure de cette attente –voire pire ! Quand l'entreprise se comporte de manière hostile et crée une relation de type « entreprise contre télétravailleur », semblant clamer haut et fort « je ne vous fais pas confiance », une révolte peut facilement s'ensuivre... Et il n'en découlera, de toutes les façons, que des conséquences négatives sur la performance de l'employé –ainsi que, par effet domino, sur le chiffre d'affaires de l'entreprise.

Nous pouvons d'ailleurs adapter au télétravail la théorie de Niklas Luhmann, énoncée et défendue dans son ouvrage « La Confiance – un mécanisme de réduction de la complexité sociale » (Luhmann, 2006), qui stipule que ce sentiment de confiance personnelle envers l'autre est ce qui simplifie le plus efficacement les rapports humains, que ce soit au niveau de la vie intime de chacun ou à l'échelle des organisations hautement hiérarchisées et formelles. C'est d'autant plus vrai dans un environnement aussi complexe que le télétravail : sachant que l'entreprise est dans l'impossibilité d'obtenir une information exhaustive sur la fiabilité de son employé(e), elle devrait toujours faire l'investissement - certes risqué et sans aucune garantie- de miser sur la confiance en celui-ci. Les enfants acceptent les autres sans conditions et les accueillent les bras grands ouverts, jusqu'au jour où quelqu'un leur

CHAPITRE III : AJUSTEMENTS PROFESSIONNELS

fait du mal et trahit leur confiance... Et les entreprises devraient littéralement en faire de même, c'est-à-dire, donner un vote de confiance à leurs télétravailleurs –tant que ceux-ci ne leur donnent aucune raison valable de se méfier.

Bien sûr il ne s'agira pas d'une confiance aveugle : elle doit être mesurable, car ce qui se mesure se gère. L'employeur peut par exemple mettre en place une évaluation régulière du télétravailleur en lui exigeant un rapport quotidien ou hebdomadaire sur les tâches en cours, ou encore en lui réclamant ses brouillons et/ou les versions finales et datées du travail afin de pouvoir constater l'avancement de celui-ci.

Les plus cyniques, ou encore les plus pragmatiques, pourront objecter que le fait de s'engager et de mettre toute sa confiance dans un télétravailleur, sans disposer au préalable d'une information significative qui garantisse sa fiabilité, peut représenter un gaspillage de temps et d'argent si l'expérience se révèle ensuite être un échec. Pourtant un exemple similaire est bien expliqué par Niklas Luhmann, dans son ouvrage confiance (Luhmann, 2006), quand il dit que les parents doivent bien faire confiance à la nounou qui va garder leurs enfants en leur absence : cette confiance n'est pas dénuée de risque mais, sans elle, l'action-même de faire garder l'enfant serait tout simplement impossible. L'attente confiante est, ainsi, déterminante pour la décision.

Néanmoins, on peut tout de même s'interroger sur le coût et le temps du processus nécessaire à cette « validation » qui prouvera qu'un(e) employé(e) est apte au télétravail... Sans oublier que, même une fois sélectionnée, rien ne garantit non plus que la personne en laquelle nous avons déposé notre confiance soit, au-delà de ses bonnes intentions, capable de réussir la tâche que nous lui avons confiée. Parmi mes anciens collègues, je me souviens notamment de quelqu'un qui avait été recruté, pour ses performances en télétravail, afin de diriger un programme XL qui nous engageait à hauteur de 10 millions d'euros avec une autre entreprise multinationale : alors qu'il était arrivé comme un « sauveur », au moment même où nous avions grand besoin d'un Manager de Programme ayant son expérience en direction d'équipes virtuelles dispersées géographiquement partout dans le monde et avec un tel budget, il a pourtant lamentablement échoué dans sa mission. J'ai compris plus tard, quand j'ai été assigné pour sauver son programme, qu'il se trouvait à ce moment-là complètement anéanti par son divorce et qu'il n'avait alors aucune force pour travailler... Circonstance qu'il n'avait, bien sûr, pas évoquée au cours de son entretien d'embauche.

Pour ma part, je suis toutefois un farouche défenseur de la méthode de faire d'abord confiance, et de mesurer ensuite régulièrement les résultats des télétravailleurs : ainsi, le fait que l'estime soit renouvelée –ou non ! - apparaît par la suite comme une conséquence. Il me semble fondamental de faire correspondre le niveau de confiance à la part d'engagement et à la performance du télétravailleur.

Cette confiance globale se présente sous une double perspective : la « **confiance personnelle** » et la « **confiance professionnelle** ».

La confiance en la capacité professionnelle du télétravailleur

Dans cet état de fait, l'entreprise croit et se fie à la capacité professionnelle d'un(e) employé(e) à agir sans supervision, et assume que cet(te) employé(e) possède les qualités interpersonnelles du dénommé « savoir-faire virtuel » : les connaissances et les compétences nécessaires pour mener à bien son travail à distance dans les temps qui lui sont impartis. La hiérarchie s'en remet alors à l'organisation et au professionnalisme du télétravailleur pour répondre aux attentes de l'entreprise en termes de performance, et cela en toute autonomie : même s'il n'est pas joignable à tout moment ses supérieurs savent qu'ils peuvent compter sur ses efforts et la qualité de son travail.

Cette confiance professionnelle accordée se mesure également dans l'attitude et l'intégrité du travailleur à distance. Nous engageons les gens pour leurs aptitudes, mais nous les congédions pour leur attitude, la plupart des entreprises privilégiant le comportement à la compétence. Il est en effet relativement facile d'apprendre à faire quelque chose, alors qu'il est très difficile de changer une attitude car cela équivaut à devoir corriger une habitude.

L'attitude est l'un des facteurs de réussite en télétravail, car cela se traduit par exemple par une disposition proactive qui parviendra toujours à engager les autres, même sans les voir physiquement. C'est également la positivé, la patience et l'empathie envers ses collaborateurs ; c'est avoir toujours la volonté de désamorcer un début de conflit causé par cette fameuse incompréhension due au manque d'interaction physique… C'est enfin aussi et surtout le respect des autres : l'attitude est notre réponse face aux difficultés, à l'adversité et aux challenges que la vie en télétravail nous fait subir. À partir du moment où une entreprise place sa confiance en un(e) employé(e), elle est en droit d'avoir une attente comportementale envers celui-ci ou celle-ci. Le télétravailleur peut faire preuve d'une attitude non-professionnelle – se retrancher, jouer les victimes ou encore blâmer les autres- tout comme il peut au contraire adopter un comportement beaucoup plus adapté et constructif : positiver, aller de l'avant, avoir assez d'esprit d'initiative pour faire des propositions, etc. Une façon de faire adéquate donne de la hauteur, permet la perspective, alors qu'un mauvais comportement cloue au sol et isole celui ou celle qui l'adopte. En définitive, on peut dire que la meilleure attitude consiste en satisfaire toujours l'attente comportementale définie par l'entreprise.

La confiance en la personne elle-même – la connaissance personnelle

Ce type de confiance ne peut s'instaurer, par définition, qu'après avoir fait personnellement la connaissance du télétravailleur. Au début l'entreprise, sans connaître encore bien « en profondeur » le télétravailleur car n'ayant pas d'information suffisante ni de vécu ensemble, devrait toutefois lui accorder sa confiance personnelle.

CHAPITRE III : AJUSTEMENTS PROFESSIONNELS

En outre, plus les relations « virtuelles » interpersonnelles se multiplient, plus les relations deviennent significatives et approfondies, plus le niveau de confiance personnelle augmente entre tous : on connaît mieux les forces et les faiblesses, chacun sait ce qui motive l'autre, ce qui le remplit de joie et/ou d'énergie, et surtout aussi ce qui est susceptible de le décourager. Les intervenants sont alors moins enclins à tirer des conclusions hâtives sur les comportements des autres, et mettent moins facilement en doute leur engagement. Nous devenons, par exemple, plus compréhensifs si nos collaborateurs ne sont pas joignables à une certaine heure – voire toute la journée. Il est plus aisé de communiquer efficacement quand on connaît de façon plus personnelle ses collaborateurs de télétravail, car on sait alors mieux comment les motiver pour les amener à livrer une performance exceptionnelle.

> *« Elle avait confiance en lui et lui inspirait confiance. Avec elle, il désarmait ; il ôtait masque et plastron, déposait sa brillante insolence ; il était simple, sincère ; il avouait ses craintes, ses échecs, ses désirs. »*
>
> Maurois, La Vie de Disraëli, 1927, p. 41.

Il ne faut pas non plus se priver, à chaque fois que c'est possible, de rencontrer physiquement les gens, car cela facilite énormément la connaissance personnelle des télétravailleurs. Dans les cas où c'est impossible, le téléphone reste le meilleur outil pour faire connaissance : une de mes anciennes clientes, avec laquelle je communiquais ainsi professionnellement tous les jours, n'a pas hésité à prendre l'avion pour me rencontrer personnellement à Amsterdam, faisant une halte dans son trajet avant d'aller voir son petit ami au Danemark. La sympathie, l'empathie et surtout la confiance personnelle que nous avions développées l'un pour l'autre en travaillant par téléphone interposé, ont été autant de facteurs décisifs pour l'estime réciproque et l'efficacité au travail. Je pourrais d'ailleurs citer bien d'autres exemples de sympathie entre mon équipe et moi ; même si je n'ai jamais rencontré la moitié de ses membres je les connais néanmoins tous « personnellement », suffisamment en tout cas pour pouvoir mener n'importe quelle bataille à leurs côtés en leur faisant une confiance aveugle.

La confiance personnelle repose sur la certitude d'une connaissance personnelle de l'autre, et la transparence de ses actes et de ses discours.

L'efficacité d'une équipe disséminée géographiquement et uniquement reliée par des relations « virtuelles », d'interdépendances, dépend de la confiance personnelle que chacun des membres de l'équipe accorde à l'autre, et cet aspect joue un rôle très important dans le cadre du télétravail.

Garder, développer et maintenir la confiance – les ajustements possibles

Dans la vie en général, la confiance ne se décrète pas : elle se gagne et se construit. En télétravail l'entreprise doit adopter le concept, développé par Niklas Luhmann, de donner un « vote de confiance » dès le départ à son employé à distance.

En revanche, aussi bien l'entreprise que le salarié devront ensuite tout faire pour développer et maintenir cette confiance accordée initialement, car elle est évolutive : elle peut en un rien de temps augmenter en intensité, passant d'un état de manque de confiance à une grande estime, tout comme elle peut à l'inverse chuter brutalement, allant jusqu'à la méfiance – voire la défiance. La confiance trahie est comme un miroir brisé : nous pouvons recoller les morceaux mais nous verrons toujours les traces, les cicatrices de la trahison. En télétravail, la confiance est tellement fragile qu'il est pratiquement impossible de la regagner (sauf si le télétravailleur change d'équipe ou d'entreprise). La trahison et la déception font partie des relations humaines, mais cela ne veut pas dire que l'on s'inscrive sur ce registre : bien que nous puissions

CHAPITRE III : AJUSTEMENTS PROFESSIONNELS

faire preuve d'indulgence et de tolérance, il est très difficile de continuer à faire confiance au membre d'une équipe virtuelle qui n'arrêterait pas de nous décevoir... C'est un peu comme dans un couple : si l'un des conjoints a l'habitude de mentir -ou, pire encore, d'être infidèle- même quand il -ou elle- jure de ne jamais recommencer il est ensuite très difficile de croire en ses bonnes intentions.

En télétravail, la confiance est plutôt en rapport avec l'engagement et la performance du télétravailleur ; il ne peut en effet y avoir de « délit de faciès » alors même qu'il s'agit de faire confiance à quelqu'un que, dans la plupart des cas, on n'a jamais rencontré.

Pour développer et maintenir la confiance au sein d'une équipe de télétravail, il existe plusieurs ajustements possibles : je mentionne ci-dessous ceux que j'ai pu observer - voire appliquer dans le management de mes équipes virtuelles- et qui ont fait leurs preuves, mais il en existe certainement d'autres en fonction du type de fonctions que nous réalisons à distance.

- **Créer des opportunités de se connaître personnellement** : quand les personnes commencent à connaître plus précisément avec qui elles communiquent, la confiance augmente automatiquement : une équipe « virtuelle » ne peut fonctionner que si ses membres se connaissent entre eux sur le plan personnel et qu'ils sont informés de ce qui compose la vie des uns et des autres : leurs passions, leurs ambitions, leurs rêves, leurs projets personnels, leurs vacances... Pour ne citer que quelques-unes des nombreuses expériences personnelles qui nous façonnent. Que ce soit par le biais des sessions audio ou de la vidéoconférence, il est très important que les télétravailleurs puissent partager leurs valeurs personnelles dans leurs collaborations « virtuelles ». Au cours de ces moments d'échange audiovisuel certains de mes collègues m'ont ainsi déjà présenté leurs partenaires, leurs enfants, et d'autres encore m'ont invité à visiter leurs villes. À travers les récits que m'en faisaient mes collègues, j'ai pu comprendre les dessous des élections législatives en Malaisie, bien mieux qu'en lisant les 4 ou 5 pages que les journaux spécialisés consacraient à cet événement – et au passage, j'en ai également appris un peu plus sur mes collaborateurs. De même, en parlant avec mes collègues américains j'ai mieux compris pourquoi ils préféraient largement voter Trump plutôt que Clinton... Le manager d'une équipe virtuelle doit toujours laisser suffisamment de temps aux différents membres pour qu'ils apprennent à mieux se connaître et puissent en savoir davantage sur la carrière, les ambitions, la culture, la personnalité - voire les peurs - des autres. Cela leur permet de développer des liens à un niveau plus profond et personnel, circonstance qui permet à son tour d'établir une confiance professionnelle plus solide au sein de l'équipe, améliorant les performances de celle-ci et l'aidant à surmonter plus aisément une éventuelle situation de conflit. Sans compter le formidable enrichissement culturel qui en découle ! C'est en effet à travers ces moments d'échanges personnels que mes collègues asiatiques m'ont fait découvrir la fête de Qing Ming, qui est la journée nationale du nettoyage des tombes en Chine et en Malaisie par exemple. Bien sûr, mes collègues musulmans me renseignaient sur la période du Ramadan et des prières durant lesquelles on ne pouvait pas avoir des réunions téléphoniques. Auprès de mes collaborateurs Russes j'ai aussi appris que Pâques se célèbre souvent une semaine plus tard pour les orthodoxes...   Bien sûr, à chaque fois que c'est possible il convient d'organiser une rencontre physique afin de réunir tous les télétravailleurs au même endroit : Il ne faut pas attendre les repas de Noël de l'entreprise, mais savoir créer de temps en temps des événements sociaux de type « *team-building* ». Chez AT&T par exemple, on s'était mis d'accord pour se retrouver tous au siège à Londres ou à La Haye, chaque dernier jeudi du mois, afin de terminer la journée de travail ensemble au restaurant. Il est essentiel d'investir dans le capital de confiance en créant des moments de contacts « physiques ou virtuels » entre les collaborateurs, de manière à leur donner l'opportunité de se découvrir mutuellement. On peut même dire que, plus grande est la distance qui sépare géographiquement les membres d'une équipe, et plus il est impératif que chacun puisse connaître personnellement les autres.

- **Créer une zone de confort** : il est également très important de parvenir à créer une zone de confort - un environnement où l'ensemble de l'équipe virtuelle se sente à l'aise et en confiance pour collaborer, et au sein duquel le télétravailleur peut travailler et communiquer de façon idoine avec les clients et/ou ses propres coéquipiers. Faire régner un climat de confiance, où les uns peuvent apprendre des autres et où chacun s'entraide, consolide la zone de confort. Une équipe virtuelle peut se composer de traits de caractères bien différents : depuis les timides introvertis jusqu'aux plus charismatiques, en passant par les bavards silencieux. Certains préfèrent les échanges individuels aux réunions groupales, d'autres encore apprécient davantage les coups de fil que les communications par courriels interposés... Un télétravailleur qui opère dans le cadre de sa zone de confort se sent en confiance et il sera favorablement prédisposé à développer une meilleure relation interpersonnelle avec ses collaborateurs. J'ai parfois rencontré des ingénieurs très talentueux qui ne parvenaient pas à s'exprimer en groupe, même par conférences téléphoniques : face à ce cas de figure il faut savoir soutenir l'employé et lui offrir les meilleures conditions possibles afin qu'il parvienne à communiquer. L'un de ces ingénieurs, Gérard, m'avait un jour confié que le fait d'intervenir dans nos conférences téléphoniques groupales le sortait trop de sa zone de confort : je lui ai donc demandé de présenter son travail uniquement devant moi, et quand il l'a fait j'en ai profité pour lui donner des conseils sur sa façon de parler et de s'adresser au groupe. Je lui ai expliqué comment partager le document présenté à l'écran, je lui ai conseillé de ne pas oublier de respirer et de prendre son temps avant de répondre. Une fois ces consignes assimilées je lui ai demandé de refaire sa présentation devant le reste de l'équipe comme s'il ne parlait qu'à moi –bien sûr en parallèle j'avais préalablement briefé les autres, de façon à ce que tout le monde adopte un comportement encourageant, que personne ne l'interrompe et que les questions soient toutes posées de manière positive pour faire en sorte de ne pas le déstabiliser. Et ça a marché : aujourd'hui Gérard sent qu'il évolue dans une zone de confort et il est désormais tout-à-fait capable de présenter tout seul son travail au reste de l'équipe sans qu'il soit nécessaire que j'encadre la réunion.

- **Implanter une charte de communication** : afin d'augmenter la confiance et d'éviter tout malentendu et toute incompréhension, il est recommandable d'élaborer une charte de communication qui définit de manière claire et transparente les normes qui seront appliquées en termes de disponibilité, de prises de contact – notamment en cas d'urgence et/ou hors des horaires de disponibilité habituelle- de prises de décisions, de vacances, d'évaluations de performances, etc. La charte peut également contempler les dispositions à prendre lorsqu'un collaborateur n'est pas joignable - ainsi que les obligations de ce dernier avant d'en arriver à cette situation. Dans la charte de communication de mon équipe, par exemple, nous nous sommes mis d'accord pour que nos calendriers individuels respectifs soient visibles et accessibles par tous. Nous avons également convenu de ne pas faire de « *multi-task* » lors de nos réunions téléphoniques afin de rester concentrés sur le sujet abordé. Nous avons communément décidé de répondre à tout

CHAPITRE III : AJUSTEMENTS PROFESSIONNELS

courrier électronique dans l'heure qui suit sa réception, juste pour confirmer qu'il est bien arrivé et qu'il sera traité dans la limite d'un délai annoncé. Nous avons aussi décidé de ne plus utiliser à tout bout de champ le sigle ASAP avec le point d'exclamation rouge –qui signifie « dès que possible », « de haute importance »- car, au-delà du stress inutilement créé, cela finit pas en discréditer l'intention première : pour ne pas risquer de reproduire l'histoire de Pierre et le Loup il faut réserver le vocabulaire de l'urgence aux véritables urgences ; si quelque chose ne peut vraiment pas attendre il convient de téléphoner et de laisser un message. Une charte de ce type doit être comprise et acceptée par chaque membre de l'équipe ; le collaborateur qui ne respecterait ensuite pas ces accords trahirait la confiance du groupe et s'exclurait lui-même de l'équipe virtuelle par ses agissements. Une fois l'action collective ainsi définie et structurée par cette charte de communication, chaque membre en retire ensuite d'autant plus facilement toute l'autonomie nécessaire à une meilleure organisation de sa propre activité.

- **Accepter les erreurs et ne pas s'en cacher** : par définition nous faisons confiance à celles et ceux qui sont honnêtes et intègres. Les gens qui retroussent leurs manches et qui travaillent dur font des erreurs, et quand cela arrive il faut être honnête et transparent afin que les personnes concernées puissent prendre en aval les mesures et actions correctives qui s'imposent. Il ne faut pas laisser sa fierté faire obstacle et il faut toujours signaler ses propres faux-pas, car vouloir les cacher peut briser la confiance préalablement accordée une fois que la supercherie est découverte. Quand elles ne sont pas systématiques ce ne sont pas les erreurs qui nous font perdre la confiance en quelqu'un, mais bien plutôt le fait qu'il tente de les dissimuler... Nous commettons tous des erreurs, et c'est notre manière professionnelle de les aborder -notamment notre capacité à en extraire un enseignement positif- qui fait que les autres nous conservent leur estime. La confiance prend racine dans l'honnêteté, la sincérité et la franchise. Dire que nous avons fait une erreur offre l'opportunité de pouvoir y remédier, et donne au télétravailleur l'occasion d'apprendre de ses erreurs afin d'améliorer encore sa performance -voire de mettre en place les actions préventives pertinentes pour éviter de les commettre à nouveau.

- **Partager ses connaissances et expériences afin de gagner la confiance** : pour certaines personnes, l'information est avant tout synonyme de pouvoir : de tels sujets n'hésiteront pas à garder pour eux des informations afin de se rendre indispensables et d'assurer leur travail, certains allant même jusqu'à pratiquer la désinformation dans le seul but de survivre professionnellement. Ce type d'actions est le propre de gens auxquels on peut difficilement se fier, vu qu'ils n'ont pas eux-mêmes confiance en eux. À l'inverse, nous ferons plus volontiers confiance aux collaborateurs qui n'hésitent pas à prendre le temps de documenter leurs références et de partager leurs connaissances. Il y a tant à apprendre au cours d'une vie, dans une entreprise ou autour d'un projet ! Il ne faut pas hésiter à partager nos connaissances et nos expériences –y compris nos échecs- avec nos collaborateurs. Cela peut se faire lors des réunions formelles ou informelles (la « machine à café » virtuelle) ou par le biais d'écrits –en réalisant des « White Paper » par exemple, ou en maintenant un blog d'entreprise. J'ai pour ma part contribué à plusieurs « white Paper » et j'ai rédigé plusieurs articles pour le blog interne de l'entreprise AT&T. J'avais notamment traité le thème du Management Agile en projets internationaux, que la société a d'ailleurs depuis adopté comme méthodologie de référence avec son Client (Shell). Nous avons plus facilement tendance à faire confiance à celles et ceux

CHAPITRE III : AJUSTEMENTS PROFESSIONNELS

qui donnent de leur temps et qui partagent leur savoir-faire, leurs connaissances et leurs expériences.

- **Savoir reconnaître les performances exceptionnelles :** le télétravailleur capable de maintenir un niveau exceptionnel de performance augmente son degré de fiabilité auprès de l'entreprise et de ses collaborateurs, et il bénéficie généralement d'une confiance unanime. C'est le genre de personne hautement autonome, qui n'est pas toujours en ligne – voire même souvent injoignable - mais sur qui nous pouvons malgré tout compter, sans aucun souci, parce que ses très bons résultats sont toujours au rendez-vous. Il est en effet logique de toujours faire entière confiance aux gens qui sont capables de se retrousser les manches et qui n'hésitent pas à « se prendre des balles dans les tranchées » au nom de l'équipe. Pour reconnaître les mérites de chacun l'entreprise doit donc définir un Indicateur Clé de Performance (ICP), en fonction du rôle et des responsabilités du télétravailleur, afin de pouvoir mesurer sa performance de manière régulière et continue. Ensuite, il convient de vérifier périodiquement cet ICP afin de pouvoir mener les actions correctives et/ou de prévention correspondantes, tout d'abord en ce qui concerne la confiance accordée au télétravailleur et ensuite au niveau du travail de celui-ci : l'important étant, à travers ces actions, de renforcer toujours les éléments qui contribuent à la confiance placée en l'employé, tout en corrigeant ceux qui pourraient nuire à celle-ci.

- **Investir en Managers dotés de compétences, de « savoir-faire » et de « savoir-faire faire » virtuels :** il ne suffit pas aux télétravailleurs d'utiliser la technologie dernier cri pour être hautement performants ; l'entreprise doit également miser sur le recrutement de Manager possédant un « savoir-être » et un « savoir-faire faire » virtuels, et auquel elle confiera le management à distance des équipes de télétravail. En sachant

CHAPITRE III : AJUSTEMENTS PROFESSIONNELS

que ce n'est déjà pas une mince affaire que de diriger une équipe « colocalisée » (c'est-à-dire dont tous les membres travaillent au même endroit), on imaginera aisément les difficultés qui peuvent surgir face à une équipe virtuelle, hautement performante, composée de travailleurs distants les uns des autres et uniquement connectés entre eux par les outils et produits de la nouvelle technologie interposés. Le manager se doit d'être le garant, au quotidien, du climat de confiance et des bonnes relations interpersonnelles entre tous les coéquipiers. Il doit aussi être assez ouvert et réceptif pour permettre aux collaborateurs de parler ouvertement de leurs ambitions – aussi bien personnelles que professionnelles- tout en leur laissant l'autonomie nécessaire pour faire leur travail. Un responsable doit donner l'exemple à son équipe -en respectant lui-même les consignes données et les chartes de communication mises en place-, et il doit avant tout être un « facilitateur », capable de placer ses collaborateurs dans les meilleurs environnements et conditions possibles afin qu'ils puissent travailler efficacement en ligne et à distance. En résumé, il faut recruter un manager qui soit le garant du climat de confiance au sein du groupe. Les paragraphes suivants abordent d'ailleurs la pratique managériale sous les angles que l'on peut adopter pour diriger avec efficience et efficacité une équipe de télétravail.

Chapitre IV – Management et Leadership en télétravail

Management Agile proche du 3.0

Le thème du leadership et du management d'une équipe dont la plupart des membres opèrent en télétravail - y compris le Manager- mérite à lui seul un livre à part entière, du fait de la complexité générée par la distance géographique et la diversité culturelle des participants. Je suis d'ailleurs actuellement en train de préparer un tel traité, qui s'intéressera en profondeur au management d'équipe « virtuelle », c'est-à-dire le type de groupe dont les intégrants travaillent depuis chez eux - ou sur des sites distants les uns des autres- et dont les intervenants, multiculturels, sont dispersés dans plusieurs régions du monde. Cet ouvrage en préparation dresse le nouveau paradigme de l'Art du Leadership et de la Science du Management « virtuel » dans un environnement international, avec des équipes « virtuelles » pour le compte de clients qui sont, eux aussi, « virtuels » - et où les sous-traitants et autres parties prenantes sont également « virtuels ».

Le mot « virtuel » doit être compris dans le sens où, ne se trouvant pas au même endroit géographique, les personnes concernées se servent des nouvelles technologies pour communiquer les unes avec les autres afin d'atteindre un objectif commun.

Dans mon étude je prends également en compte les caractéristiques multiculturelles des parties prenantes. En effet, dans le monde actuel globalisé et allié à la révolution numérique, les frontières géographiques physiques ne sont plus des obstacles et les entreprises n'hésitent pas à recruter un peu partout dans le monde, les facteurs les plus importants au moment de la sélection étant l'expérience et la compétence. Pour cette raison il est indispensable de considérer l'aspect culturel dans le style de management et de leadership des équipes « virtuelles ». Impossible en effet de gérer une telle diversité depuis son

CHAPITRE IV : MANAGEMENT ET LEADERSHIP EN TELETRAVAIL

propre prisme : il faut savoir tenir compte de la culture des autres –qu'ils soient clients, collaborateurs ou sous-traitants. Qu'on aborde une simple conférence téléphonique, une négociation complexe ou même le développement d'une équipe hétérogène, faire l'impasse sur la culture de ses interlocuteurs est la preuve d'une certaine paresse intellectuelle – et d'un manque notoire de compétence en management d'environnement international. Il faut savoir que nombre de malentendus, de controverses et d'incompréhensions autant de sources de conflits potentiels- peuvent souvent provenir d'éventuelles différences culturelles. Par exemple, les Japonais assument les échecs et ne cherchent jamais à fuir leurs responsabilités, alors que dans d'autres cultures la promotion est assurée pour la personne ayant fauté.

La spécialité de management d'équipe « virtuelle », en télétravail -à domicile ou sur un site éloigné-, est aujourd'hui une compétence stratégique très recherchée par les entreprises, indifféremment de leur taille, de leur secteur ou du cœur de métier concerné. Dans le futur certaines entreprises, qui à l'heure actuelle n'ont pas encore atteint ce degré de maturité, se verront obligées de former leurs employés afin qu'ils puissent faire face efficacement à ce nouveau paradigme du travail virtuel, imposé par un monde devenu compétitif et global. En effet la mondialisation, associée aux progrès fulgurants des nouvelles technologies de la communication, a complètement changé la norme en ce qui concerne le style de management et le leadership : aujourd'hui on a inexorablement évolué vers la gestion « virtuelle » des équipes, des clients et des fournisseurs dispersés aux quatre coins du globe.

Dans l'attente d'avoir terminé cet ouvrage complémentaire je me contenterai ici d'en faire une rapide synthèse, en donnant dans les paragraphes suivants un aperçu de ce que doit être le style de Management et de Leadership applicable à des équipes dont la plupart ou la totalité des membres évoluent en télétravail. On verra notamment que la pratique managériale doit alors se concentrer sur la confiance, mais aussi sur l'autonomie accordée aux télétravailleurs - ainsi que sur les responsabilités qui accompagnent une telle autonomie.

Nouveau style de Management et de Leadership adapté au télétravail

Comme nous avons pu l'observer dans les chapitres précédents, certains défis et obstacles relèvent exclusivement du télétravail, et ce sont justement ceux-là qui vont requérir des ajustements personnels et professionnels, aussi bien de la part des collaborateurs que des Managers qui les dirigent - ces derniers pouvant d'ailleurs, eux aussi, effectuer leur activité professionnelle en tant que Manager de l'équipe dans le cadre de cette modalité à distance. Quand une équipe accuse une mauvaise performance, que l'interaction interpersonnelle est quasi-inexistante et le dynamisme éteint, c'est que le style de management et de leadership qui lui est appliqué n'est pas à la hauteur et ne convient pas : afin de s'adapter au contexte et de pouvoir tirer le meilleur parti possible des télétravailleurs il convient donc de songer à des ajustements. Les conséquences d'un management inapproprié sont en effet énormes, aussi bien pour l'entreprise (baisse du chiffre d'affaires, objectifs stratégiques non atteints, répercussion sur l'image corporative, etc.) que pour les employés et leur qualité de vie (lassitude, morosité, manque de motivation, etc.)

Dans un monde globalisé et compétitif, où la révolution numérique permet aux salariés de travailler depuis n'importe quel coin du globe, les organisations doivent comprendre qu'elles ne peuvent plus compter sur le management et le leadership traditionnels pour amener ce type d'équipes à la performance – car il ne faut pas oublier que, n'ayant plus d'attaches, les télétravailleurs mécontents de leurs entreprises iront tout simplement travailler pour la concurrence, privilégiant les structures qui leur offrent de meilleures conditions et des fonctions qui donnent du sens à leurs carrières.

CHAPITRE IV : MANAGEMENT ET LEADERSHIP EN TELETRAVAIL

Même si le professionnalisme – en tant que style de Leadership et de Management- reste une base importante du succès, il ne suffit pas à garantir l'efficacité et la réussite d'une équipe de télétravail. Le Management 1.0, issu du Taylorisme - plus connu comme un micro management basé sur le mode « commander et contrôler », impliquant une vision appauvrie du télétravailleur- n'est pas non plus adapté ni approprié pour développer des relations basées sur la confiance : l'environnement qu'il offre n'est en effet pas particulièrement bienveillant puisque le travailleur est traité comme un esclave, qui ne peut être géré que de visu. Le Management 2.0, basé sur l'application des méthodologies qui mettent un peu plus en avant le facteur humain dans l'organisation pyramidale, me semble assez limité : non seulement il est souvent mal utilisé, mais surtout j'ai l'impression qu'il ne s'adresse qu'aux équipes traditionnelles, ne tenant pas compte des spécificités propres aux télétravailleurs dispersés dans l'espace et dans le temps – car souvent répartis entre différents fuseaux horaires. Le Management 3.0, tel que le définit Jurgen Appelo (Apello, 2010), me semble être le plus susceptible de s'adapter et de s'appliquer aux équipes à distance : en effet il ne consiste pas à diriger les télétravailleurs – qui peuvent s'autogérer en toute autonomie- mais plutôt à manager le système dans son ensemble, de façon à ce que les salariés soient dans les meilleures conditions pour s'épanouir et être performants.

Dans ce modèle tout le monde doit participer - en devenant en quelque sorte son propre « Manager » et en organisant ses propres tâches- tout en laissant au vrai Manager de l'équipe le soin de manager le système. Dans cette structure, le leadership doit être partagé, tour à tour, car aucun membre ne détient toutes les réponses : en fonction du travail à accomplir, chaque membre du groupe hautement compétent dans son domaine peut endosser à tour de rôle le Leadership, et le Manager n'est là que pour faire en sorte d'assurer la fluidité du système. Dans ce schéma, le télétravailleur est à la fois le Leader et le Manager de son champs d'action, prédéfini à l'avance par la catégorie des missions

CHAPITRE IV : MANAGEMENT ET LEADERSHIP EN TELETRAVAIL

qui lui sont confiées. En gros, l'espace dans lequel les télétravailleurs peuvent opérer est défini et délimité à l'avance, et ceux-ci doivent comprendre et assumer les tâches qu'ils peuvent - et doivent- traiter par eux-mêmes, en s'auto-organisant en conséquence dans ce cadre. Chacun est donc Leader et Manager dans son rôle, et c'est avec tous ensemble que l'on atteint à coup sûr les objectifs de l'entreprise. Par exemple, le télétravailleur chargé de rédiger un document d'architecture pour un projet devra s'auto-organiser en complète autonomie, gérant à la fois ses horaires, ses interactions avec les différentes parties prenantes (clients, sous-traitants, fournisseurs, etc.), et toute autre tâche susceptible de contribuer à l'avancement de son travail. Il ou elle peut cependant toujours faire appel à son Manager pour lui aplanir le chemin et lui faciliter la tâche dans le système en termes de procédures, de processus ou des points administratifs bloquants. D'ailleurs dès le début du XXe siècle Henri Fayol, l'un des pionniers français du « management » - à une époque où le mot n'existait pas encore- avait déjà découvert que le rôle d'un dirigeant était d'accompagner ses équipes, afin de créer de la cohésion et de leur faire gagner de l'autonomie et de la responsabilité. Et ce précepte reste tout-à-fait d'actualité aujourd'hui : en résumé, plus une équipe de télétravailleurs est autonome et responsable et plus elle peut être performante ; le Manager n'intervenant par la suite que pour lever les freins et autres éventuels obstacles, de façon à garantir les meilleures conditions de travail possibles pour tous.

La motivation, la confiance, le respect, la disponibilité, le feedback, et la carrière - ou encore le fait de « donner du sens » au travail du télétravailleur- sont autant de caractéristiques représentatives de cette nouvelle dynamique qui est en train de révolutionner le monde du management, et qu'il convient de savoir mettre en place pour gérer efficacement une équipe de télétravailleurs –que ce soit en « temps de paix », quand les activités vont au rythme normal, ou en périodes de « guerre des tranchées » où chacun doit faire face à de la pression supplémentaire venue de toutes parts (clients, hiérarchie, budget, deadline, ressources difficiles, conflits, etc.).

Comment appliquer concrètement au quotidien ce style de management et de leadership ?

En m'inspirant beaucoup du management 3.0, et en m'appuyant sur mes plus de 10 ans d'expérience dans le management d'équipes virtuelles -en télétravail ou travail sur sites distants- je vais essayer de donner dans ces quelques pages un petit aperçu de Leadership et de Management susceptibles d'être appliqués au quotidien dans ces contextes. Tout d'abord il est important de rappeler que ce style de Management Agile ne dicte aucunement la manière de faire : comme toutes les méthodologies, il offre avant tout un cadre et des repères servant à placer les équipes dans des conditions optimales d'efficacité et de performance.

Concrètement et quelle que soit la période – en rythme de croisière en temps normal ou en pleine tempête- un Manager Agile peut adapter à son travail les éléments de Management et de Leadership suivants :

- **Faire confiance** aux télétravailleurs pour les tâches qu'ils ont à accomplir. C'est-à-dire, s'en remettre à la bonne volonté et au professionnalisme des employés pour répondre aux attentes de l'entreprise, et cela, en toute autonomie ; même quand une personne n'est pas constamment joignable, tant que celle-ci ne ménage pas ses efforts et que l'on sait pertinemment pouvoir compter sur la qualité de son travail.

- **Développer, maintenir et consolider** un climat fait de confiance et de liberté, aussi bien entre les membres de l'équipe qu'entre les télétravailleurs et l'entreprise. Le manager se porte alors garant du respect du « deal », à savoir, le contrat passé entre le salarié et sa hiérarchie.

CHAPITRE IV : MANAGEMENT ET LEADERSHIP EN TELETRAVAIL

- **Motiver** les télétravailleurs en activant pour chacun d'eux les 3 leviers motivationnels définis par Daniel Pink dans son ouvrage Drive (Pink, 2009), et qui se rapportent aux 3 facteurs intrinsèques décrits ci-dessous :

1. **L'Autonomie** : les télétravailleurs s'auto-organisent eux-mêmes pour remplir leurs missions à leur manière et au moment où cela les arrange, dans la limite des délais accordés. Certaines entreprises vont même jusqu'à permettre à leurs télétravailleurs de choisir l'équipe dans laquelle ils veulent évoluer. Dans ce contexte il convient que le Manager applique la « théorie Y » - telle que la détaille Douglas McGregor- qui consiste à adopter un style de management laissant beaucoup plus d'autonomie à l'équipe, après avoir clairement défini avec elle les objectifs à atteindre. En effet Douglas Mac Gregor, le Gourou du management qui a développé les « théorie X et Y » dans son ouvrage The Human Side of Enterprise (McGregor, 1960), suggère que l'application de cette « théorie Y » entraîne généralement une augmentation de l'efficacité, de la productivité, et de la créativité des travailleurs. Pour ceux qui ne sont pas familier de l'œuvre citée rappelons au passage que l'autre option, la « théorie X », correspond au contraire à un style de management autoritaire, qui exerce un contrôle normatif sur l'équipe. Dans ce cas de figure, l'équipe est le plus souvent passive, paresseuse, sans grandes ambitions : redoutant les responsabilités, ses membres préfèrent être dirigés. Ce qui correspond à un profil diamétralement opposé à ce que doit être un groupe de télétravail et les intervenants qui le composent.

2. **La Maîtrise du travail** : à l'instar de tous leurs semblables les télétravailleurs partagent l'aspiration –ô combien humaine- du dépassement de soi : ils veulent mieux faire, progresser, maîtriser leur domaine de compétences et, surtout, se réaliser dans ce qu'ils font. Le Manager doit accompagner les carrières

et développer les talents, tout en facilitant à chacun l'acquisition de nouveaux savoirs. Il doit aider ses collaborateurs à formuler un plan de carrière, et leur donner les formations nécessaires pour y parvenir. Pour être heureux l'homme a besoin de se sentir évoluer positivement et que sa situation s'améliore : un télétravailleur qui a l'impression de stagner professionnellement, faisant invariablement la même chose tous les jours, chaque année, ne peut que se démotiver très vite. Le monde change constamment, et le Manager doit donc aider le télétravailleur à continuer à se former, afin de développer sa carrière et de pouvoir actualiser ses compétences.

3. **Le Sens** : le Manager doit savoir donner une signification aux tâches quotidiennes que réalisent les membres de son équipe. Les travailleurs apprécient de participer à des projets ambitieux, voire même susceptibles de les dépasser. Pour le responsable, cela se traduit par la nécessité de savoir articuler, et même quasiment « vendre » la vision et les objectifs que l'employé doit atteindre : il faut savoir exprimer et faire comprendre le « pourquoi » du travail à réaliser. En effet, pour la majorité des employés, pouvoir apprécier le sens de ce que l'on fait est encore plus motivant qu'un gros salaire. Connaître et comprendre les tenants et aboutissants de son travail contribue à son tour à donner un sens à sa vie entière, alors qu'à l'inverse faire un travail qui est considéré comme vain peut donner l'impression que c'est l'existence elle-même qui n'a aucune utilité. Donner du sens c'est transcender : c'est ce qui donne une réelle satisfaction existentielle, et c'est la direction à suivre. Dans ce contexte, c'est au Manager qu'incombe la tâche d'articuler le sens des missions du télétravailleur afin que celui-ci puisse s'en sentir intimement satisfait.

CHAPITRE IV : MANAGEMENT ET LEADERSHIP EN TELETRAVAIL

- **Libérer les potentiels** : faire en sorte que les télétravailleurs puissent exploiter et libérer tout leur potentiel au service de l'entreprise. Pour ce faire, le Manager doit tout mettre en œuvre afin que les employés puissent bénéficier d'un environnement sain, écartant les éventuels obstacles ou barrières susceptibles de freiner le travail de l'équipe. Chacun n'aura donc ensuite plus qu'à s'auto-organiser, se concentrant alors uniquement sur les objectifs à atteindre – qui auront été définis et acceptés unanimement au préalable.

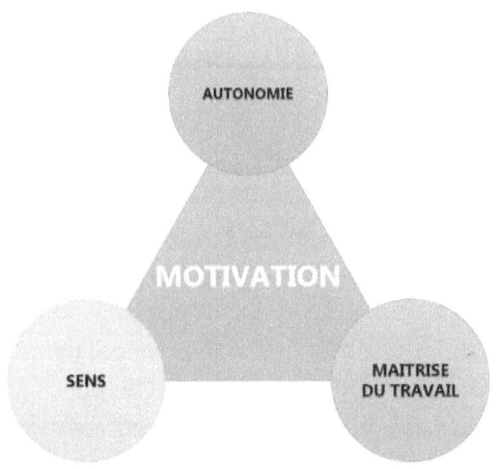

Figure 12: Leviers motivationnels définis par Daniel Pink, (Pink, 2009)

- **Booster la responsabilité du télétravailleur** : un Manager ne doit pas se montrer paternaliste envers son équipe en adoptant le paradigme autorité/obéissance : les salariés connaissent leur travail, et il convient au contraire d'accroître leur responsabilité – celle-ci s'accompagnant implicitement d'un devoir de réussite. En effet, quelqu'un à qui on donne « carte blanche » a souvent tendance à prendre son rôle au sérieux et à faire son maximum pour ne pas décevoir et ne pas trahir la confiance qui lui a été concédée.

CHAPITRE IV : MANAGEMENT ET LEADERSHIP EN TELETRAVAIL

- **Définir les objectifs à atteindre**, et poser clairement les limites et contraintes avec lesquelles l'équipe devra composer - tout en laissant de l'autonomie à celle-ci. Déterminer également des mini-buts individuels (fixés pour chaque personne), toujours mesurables – dans l'optique encore une fois que tout ce qui se mesure se gère. Dans la pratique cela consiste en savoir définir ensemble des petits plans d'actions, simples et pragmatiques, qui seront facilement mesurables.

- **Communiquer en donnant des feedbacks**, de façon régulière et continue, sur la performance des télétravailleurs en ce qui concerne ces objectifs et/ou ces mini-buts individuels. Il ne faut notamment jamais oublier de féliciter en cas de bons résultats ! Si on ne sait pas apprécier les qualités des gens, elles se déprécient. Il faut savoir complimenter quand le résultat va au-delà ce notre attente. Chaque fois que nous nous donnons la peine de complimenter notre équipe, nous leur conférons force et pouvoir. Et pour le reste il convient d'encourager, de savoir comprendre les difficultés et d'aider les collaborateurs qui ont eu une mauvaise performance à s'améliorer. Le manager doit être capable d'écouter activement – en posant des questions ou en insistant sur des faits - les feedbacks de chacun et de définir en conséquence les plans d'action, de prévention et de correction. Une bonne gestion des retours, entraînant des actions correctives – voire, mieux encore, préventives- est un réel atout pour retenir et fidéliser les talents, ainsi que pour systématiser la prévention des problèmes en amont.

- **Évaluer la performance** du télétravailleur à intervalles réguliers, de préférence tous les mois. Je ne suis pas diplômé en Ressources Humaines mais je pense qu'il est plus utile, au niveau de la performance, de réaliser des entretiens de façon mensuelle plutôt qu'annuelle. Il est en effet difficile, voire impossible, d'aborder au cours d'une seule entrevue l'ensemble

CHAPITRE IV : MANAGEMENT ET LEADERSHIP EN TELETRAVAIL

des résultats d'un télétravailleur sur une année entière : le contexte et les conditions risquent alors d'être largement dépassés et/ou oubliés. C'est pour cela qu'il me semble préférable d'établir une évaluation mensuelle, au cours de laquelle on peut définir les actions correctives et préventives à appliquer à intervalle plus réduit.

« En matière de décisions managériales, l'erreur la plus fréquente consiste à chercher obstinément la bonne réponse au lieu de la bonne question. »

Peter DRUCKER

- **Solliciter le feedback** des télétravailleurs sur notre propre performance afin d'améliorer notre style de management. Il faut savoir être humble en recevant ces retours, et surtout ne pas penser à punir ni à se venger du collaborateur qui aurait exprimé un avis négatif : tout feedback, bon ou mauvais, est avant tout un enseignement pour nous aider à progresser. Il ne faut donc surtout pas tomber dans le piège de devenir ce Manager aigri qui, suite à un mauvais retour, cherchera ensuite à « écraser » le télétravailleur en abusant d'une autorité somme toute assez relative -car n'oublions pas que, dans les organisations modernes de type « horizontales », il est rare qu'un Manager possède réellement autant de pouvoir.

- **Savoir se mettre en retrait** et encourager la collaboration en favorisant l'interaction entre les membres, sans interférer. Le Manager doit faire vivre l'équipe, apprendre à connaître ses collaborateurs (leurs forces, leurs intérêts, leurs attentes), comprendre les façons de travailler et respecter la vie de chacun. J'ai connu des Managers qui m'appelaient le soir à 23 heures pour faire le point sur des livrables, soi-disant toujours

« urgents » mais qui, même envoyés à 1h du matin, n'auraient de toutes les façons jamais été lus par le client avant les premières heures de la journée suivante... Un leader digne de ce nom doit savoir respecter les personnes et de devenir source d'inspiration en respectant lui-même ses engagements et en donnant toujours l'exemple à suivre. Faire preuve d'une autorité à base de contrainte afin d'asseoir une hypothétique supériorité est la marque des « petits » Managers, qui manquent justement de confiance en eux et en leurs propres compétences directives ; les vrais leaders inspirant au contraire les coéquipiers par leur comportement, leurs actions – toujours en cohérence avec leurs paroles- et leur respect des autres.

- **Être disponible** à chaque fois que les télétravailleurs le requièrent. Une personne injoignable, ou qui n'est pas disposée à consacrer du temps à ses collaborateurs, difficilement pourra se revendiquer comme étant un bon – ou une bonne- manager... Le pire Manager étant celui ou celle qui envoie directement « balader » son équipe, sans aucun égard pour le type de réaction en chaîne que ce simple geste d'irritation peut entraîner : le télétravailleur « rembarré » sera ensuite très logiquement de mauvaise humeur, non seulement envers son responsable, mais aussi vis-à-vis de tous les autres intervenants avec lesquels il sera amené à communiquer... Un tel mouvement d'énervement peut ainsi avoir un impact négatif sur l'ensemble de l'équipe. Un Manager peut employer des mots durs pour évaluer la performance ou le comportement de certains de ses collaborateurs, mais il faut savoir s'exprimer poliment et en gardant le respect. En un mot, il faut savoir rester sympathique !

- Organiser **un entretien plus informel** hebdomadaire, par audio ou visioconférence, au cours duquel il convient d'être particulièrement à l'écoute du télétravailleur. L'objectif d'un tel entretien -d'une vingtaine de minutes au maximum- est de

CHAPITRE IV : MANAGEMENT ET LEADERSHIP EN TELETRAVAIL

pouvoir discuter de façon plus décontractée avec l'employé, en abordant de manière générale des sujets aussi bien personnels que professionnels. Pour le Manager c'est une façon d'exprimer son soutien à son collaborateur, et pour celui-ci c'est une façon de parler de ses problèmes, de partager ses joies et ses impressions sur n'importe quel sujet, exactement comme quand deux personnes se rencontrent devant la machine à café, dans un bar ou dans un avion. J'ai connu trop de Managers qui, à force de s'écouter parler, en arrivaient à oublier l'objectif principal de l'entretien de performance individuel –qui est, rappelons-le, de renforcer le lien entre le Manager et le télétravailleur d'un côté, et entre le salarié et l'entreprise de l'autre. Cela passe par une connaissance personnelle du collaborateur.

- **Savoir dire merci – montrer de la gratitude** : de nos jours on a tellement tendance à considérer que tout est acquis qu'on en oublie souvent les fondamentaux. Même si la relation n'est que « virtuelle », il ne faut pas avoir peur d'abuser de dire « merci », ce petit mot qui ouvre pourtant bien des portes... L'équivalent d'un pourboire dans un café ou un restaurant quand le service est bien fait. Ce mot est magique, et dire merci fait du bien : cela rend tout le monde plus coopératif, et donne envie à celle ou celui qui est remercié de s'investir encore plus. Cela suffit à insuffler de la joie, aussi bien au télétravailleur qu'à son Manager. Tout comme rire ou sourire – car, oui, c'est possible de le faire même au téléphone, dans les messageries instantanées avec les émoticons- dire merci met de bonne humeur et stimule les bonnes volontés. D'ailleurs il ne faut jamais perdre de vue que la moindre interaction est toujours source d'influence (bonne ou mauvaise) sur l'humeur et la motivation des collaborateurs : et puisqu'on contribue à la vie de l'équipe via nos actions et nos paroles, autant le faire de manière positive en n'oubliant jamais la politesse. La gentillesse est un choix, même quand les relations sont tendues, on peut toujours faire don de gentillesse tout en étant très dur avec les faits tout en gardant les manières.

- **Adopter de bonnes habitudes (attitudes)** : Enfin, pour conclure sur le style de Management et de Leadership, je tiens à rappeler que les 7 habitudes (Figure 13), surtout les bonnes (soutenir, écouter, encourager, accepter, respecter, faire confiance, et négocier) et en aucun cas les mauvaises (critiquer, reprocher, se plaindre, se moquer, menacer, punir, faire du chantage), définies par William Glasser (Glasser, 2010), s'applique à jamais en télétravail pour nouer des liens forts et durables avec ses collaborateurs ou autres parties prenantes « virtuelles » même si nous les rencontrerons probablement jamais.

Les relations fortes et durables à base de confiance non seulement nous rend plus heureux mais surtout cela nous rend plus efficace. En effet, j'aimerais insister sur le fait que, au-delà même des résultats, des liens très forts peuvent se créer entre collaborateurs, pour peu que le style de management et de leadership soit approprié et/ou que les collaborateurs réunissent les compétences du « savoir-faire » et du « savoir être » virtuel.

CHAPITRE IV : MANAGEMENT ET LEADERSHIP EN TELETRAVAIL

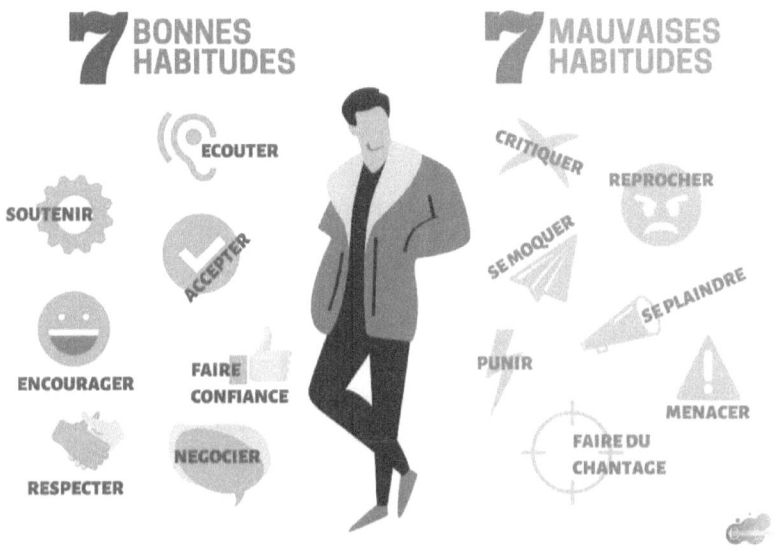

Figure 13 : Les 7 attitudes de William Glasser, (Glasser, 2010)

Dans le cas contraire, il n'est pas rare de voir des équipes échouer face à leurs objectifs quand l'ambiance entre les différents membres est morose et délétère – le moral du groupe tout entier tombant alors, par conséquent, au plus bas. En ce qui me concerne j'ai eu l'opportunité de me lier d'amitié avec bon nombre de mes collaborateurs, des personnes que je n'avais pour la plupart jamais croisées du temps où nous travaillions ensemble, et qui n'ont pourtant pas hésité un seul instant à m'accueillir à bras ouverts quand j'ai voyagé dans leurs pays.

CHAPITRE IV : MANAGEMENT ET LEADERSHIP EN TELETRAVAIL

Un de mes collègues de Nouvelle Zélande, par exemple, est allé jusqu'à me prêter son bateau et sa voiture, tandis qu'un autre m'a fait découvrir tout ce qu'il y avait à voir à Alicia Springs, en Australie... Et j'en passe et des meilleurs parmi les innombrables gestes chaleureux que des coéquipiers –ou ex-coéquipiers- ont pu me réserver à chaque fois qu'on s'est rencontrés.

Chapitre V – CONCLUSION

Opter pour le télétravail : une façon de donner un sens à sa vie.

Le télétravail peut parfois être la réponse à ce « petit truc » qui nous pousse, depuis notre for intérieur, à changer l'histoire de notre vie. Une sensation qui peut se manifester par une insatisfaction chronique face au quotidien, par le réflexe qui nous ferait donner une note entre 10 et 12 sur 20 si quelqu'un nous interrogeait sur notre présent, que l'on juge passable voire très moyen – cette estimation pouvant même descendre en-dessous de 10 quand l'angoisse et le mal-être sont au rendez-vous. Au-delà des caractéristiques d'une époque qui exige déjà d'incessants changements, ce petit « *spleen* » personnel nous force à aller de l'avant, à passer du rôle de spectateurs à celui d'acteurs de notre existence, et nous incite enfin à prendre les initiatives nécessaires à notre réalisation en tant qu'individu, jusqu'à-ce que nous parvenions, enfin, à être en harmonie entre ce que nous sommes et ce que nous voulons être. Et d'ailleurs - qui sait ? - cette évolution, menée dans de bonnes conditions, peut nous conduire à donner une note égale ou supérieure à 15 sur 20 pour évaluer notre existence... Soit une vie bonne, voire même une vie très bonne, en somme.

Pour satisfaire ce besoin d'une existence pleine, bien loin de cette moyenne qui ne nous suffit pas, on n'hésite pas à opter pour le changement : changer d'angle, changer de regard, changer de logiciel... Les variations sont quasi-infinies, tant qu'il y a de la nouveauté susceptible de donner un sens à notre existence – pour vivre, enfin, la « vie bonne ». Et se lancer dans le télétravail peut amener cette amélioration parfois insoupçonnée, ayant parfois autant de portée - voire plus - que les transformations les plus radicales.

CHAPITRE V : CONCLUSION

En tout cas, le télétravail me paraît être un changement moins brutal que, par exemple, de tout « plaquer » radicalement afin d'aller voir si l'herbe est plus verte ailleurs... En effet, et même quand on a supposément tout pour être heureux, on imagine facilement que cet « ailleurs » nous fera vibrer encore plus et nous offrira un épanouissement, voire un sens à notre vie bien supérieur à tout ce qu'on a pu ressentir jusque-là. Certaines personnes abandonnent le confort des grandes entreprises, des situations aisées et bien rémunérées, et parfois même leurs partenaires et leurs enfants, pour se lancer dans cette quête de sens, cette recherche qui est censée les conduire à trouver leur place dans le monde. Bien sûr nous n'avons pas tous cette âme aventureuse, assoiffée de nouveauté et imperturbable devant le risque qui est l'une des principales caractéristiques des entrepreneurs... Car tout le monde n'a pas forcément envie de créer sa propre entreprise. En revanche - et en restant dans les « risques raisonnables » - je suis persuadé que le télétravail peut donner un sens à la vie car, bien géré, il offre la possibilité de se réaliser, d'avoir une existence plus équilibrée, et surtout il permet d'envisager – et de réaliser ! - beaucoup plus de projets personnels. Je n'aurais, par exemple, jamais pu rédiger cet ouvrage si j'avais dû faire tous les jours des allers-retours entre mon domicile et le siège de l'entreprise : j'ai profité de la souplesse et de la flexibilité de cette modalité pour découvrir et visiter le vaste monde. Il paraît qu'être humain c'est avant tout penser, apprendre et explorer l'univers à la recherche de nouvelles sources de plaisir spirituel et matériel... Et effectivement pour ma part j'ai trouvé que cela donnait du sens à mon existence que de travailler pour gagner ma vie tout en profitant de cette dernière - pour voyager, par exemple - sans avoir besoin d'attendre l'âge de la retraite... Car il va de soi que je suis dans de meilleures conditions aujourd'hui pour en profiter pleinement. Pour illustrer mon propos d'un exemple précis, la limite d'âge pour faire de la plongée à Malte est de 45 ans, et je me félicite d'en avoir profité avant d'arriver à cet âge.

CHAPITRE V : CONCLUSION

D'ailleurs, à trop vouloir différer la récolte de nos durs labeurs en la laissant pour la retraite, la vie risque souvent de paraître stérile et morne en attendant. Quand je passais mes journées à travailler dans des appartements AirBnB, je n'en appréciais que d'autant mieux la vie locale pendant l'heure du déjeuner et/ou le soir et les week-ends. À ce sujet Fréderic Lenoir - dans son ouvrage « La puissance de la joie » (Lenoir, 2015) - prétend que l'une des trois conditions à ce sentiment d'allégresse est de vivre pleinement le moment présent, et que l'on ne peut être heureux en étant « ailleurs » en pensées –e n ruminant, par exemple, une hypothétique consécration qui n'existerait que dans le futur, quand l'heure du repos professionnel sera venue.

En ce qui me concerne, cela a vraiment un sens de mettre en perspective ma vie professionnelle (en faisant du télétravail) en fonction des choix de ma vie personnelle. Même si, d'après Mahatma Ghandi, le plus grand voyageur n'est pas celui qui a fait dix fois le tour du monde mais bien celui qui a fait une seule fois le tour de lui-même, pour moi l'enrichissement d'expériences personnelles, à travers ces voyages, m'a permis une plus plénitude existentielle autrement importante que toutes les ambitions verticales, avec un statut et un poste prestigieux au sein d'une grande entreprise à la clé. Mais ce qui fait du sens pour moi n'est pas forcément ce qui fera du sens pour chacun de vous. En effet cette notion, tout comme celle de la réussite, est entièrement subjective : chacun peut découvrir sa propre conception du bonheur et le propre sens de sa vie, le télétravail n'étant alors que l'un des moyens pour y arriver. Pour en revenir à mes impressions personnelles, je ressens pour ma part un certain étouffement –associé à un sentiment d'être à la fois limité et restreint dans mes désirs- quand je me retrouve dans les espaces confinés des locaux d'une entreprise. Cette sensation qu'il existe une frontière ou une barrière physique qui m'empêche de m'épanouir dans mon travail se trouve symbolisée par les murs d'enceinte de l'édifice, et je ne ressens plus cette oppression dès que je peux travailler de chez moi ou de n'importe quel autre endroit du monde. Pour moi, le télétravail offre un sentiment de liberté -sans pour autant oublier les devoirs qui accompagnent la responsabilité de faire correctement son travail, de façon professionnelle et avec diligence. Trouver un sens à sa carrière -ou à son existence- cela signifie aussi donner le meilleur de soi dans ce qu'on a choisi... En espérant que cela nous plaise. Car si on n'aime pas son travail ou sa vie, il convient de procéder au(x) changement(s) pertinent(s).

Le télétravail peut également donner un sens aux obligations professionnelles quand on est victime de « *brown-out* », ce phénomène symptomatique d'une « baisse de courant » qui laisse l'employé(e) comme « vidé(e) » : celui ou celle qui en est victime ne ressent plus aucune motivation ni aucun épanouissement à faire un travail qu'il ou elle considère comme étant dénué de sens...La personne ne voit alors plus l'intérêt de son rôle, qu'elle perçoit de façon caricaturale au point de s'auto-définir comme étant un simple pantin aux mains de l'organisation. Le travailleur a alors le sentiment de faire « un boulot à la con », un métier ou des fonctions totalement inutiles et qui n'ont aucun sens : ce sont les fameux « *bullshit jobs* » (Graeber, s.d.) (Foucher, 2016) que quelqu'un doit pourtant bien faire. Mais, de la même façon qu'on prétend généralement que la misère est plus supportable au soleil, le « *bullshit job* » peut être plus facilement acceptable si on le réalise de chez soi - ou de l'endroit de son choix- en télétravail. En effet, on a le choix entre trouver un emploi plus intéressant ou savoir trouver les aspects intéressants de son travail – même quand on ne perçoit pas forcément très bien sa propre utilité dans le contexte. Le télétravail peut combler le décalage qui existe entre nos aspirations et la réalité de notre quotidien professionnel, car au moins on peut travailler d'où on veut, et on peut ainsi surcompenser une routine d'obligations plus ou moins frustrantes par une vie sociale plus épanouie et/ou la pratique d'activités enrichissantes.

CHAPITRE V : CONCLUSION

Le télétravail : un choix existentiel qui ne doit pas être imposé par l'entreprise

Les choix que nous faisons, comme celui de faire ou non du télétravail, relèvent de notre responsabilité. On ne peut pas laisser l'entreprise ou quelqu'un d'autre prendre cette décision à notre place car il s'agit de notre épanouissement personnel et professionnel. Pourtant, et quand bien même leur structure hiérarchique leur offrait cette possibilité, j'ai souvent rencontré des employés qui restaient très indécis quant à l'alternative à prendre, et qui se plaignaient jour après jour de ce dilemme : continuer à travailler comme ils l'avaient toujours fait (en se rendant quotidiennement au bureau) ou changer pour le télétravail ? Cette incapacité à prendre ses propres décisions provoque en général mélancolie et anxiété ; ces personnes restent toujours dans l'attente, sans s'engager dans aucune direction, espérant toujours la promesse d'une belle réussite, d'un avenir brillant, d'un grand amour qu'un Dieu quelconque leur aurait concocté en secret et qui serait amené à les surprendre... Un jour, peut-être. Si tout va bien. Et en attendant que les choix se fassent pour eux ils continuent à se plaindre de la vacuité d'une existence insipide, insatisfaisante, sans aucun relief ni aucune intensité. Ce sont ces mêmes personnes, au profil « passif », qui rêvent d'une vie plus vibrante sans se donner les moyens de faire les choix judicieux en conséquence. Il faut savoir que le refus de choix est déjà une décision, et qu'il faut l'assumer en tant que telle : pour ne pas avoir à la regretter et à s'en plaindre tous les jours il convient d'avoir le courage de choisir la vie que l'on veut, et non pas celle que les autres attendent de nous. Il vaut mieux être la version « haut-de-gamme » de soi-même qu'une version « bas-de gamme » de quelqu'un d'autre. Il faut s'autoriser à être plus heureux.

Dans son ouvrage, Drive (Pink, 2009), Daniel Pink affirme que le secret de la performance et de la satisfaction dans les entreprises, dans l'enseignement ou dans la vie personnelle se trouve dans le besoin profondément humain de diriger sa propre vie. Cela signifie notamment

CHAPITRE V : CONCLUSION

savoir déterminer par soi-même ce qui est bénéfique et approprié à l'échelle de l'individu : le travail, le lieu de résidence, les amis, le ou la partenaire, le parti politique, le sport, etc. En ce qui me concerne j'ai choisi le télétravail car cela correspondait à mon style de vie et à mes aspirations professionnelles et personnelles : cela me permet de gagner ma vie tout en voyageant partout dans le monde, découvrir de nouvelles cultures et m'instruire en rencontrant des gens différents. J'ai donc opté pour une profession qui m'offrait cet avantage : j'ai en effet choisi d'être indépendant pour avoir ensuite la liberté de n'accepter que des clients (entreprises) qui me permettent d'opérer à distance avec des équipes internationales. Le télétravail a donné un sens à mon existence et l'a enrichie car la signification et la direction qu'il offre correspondaient à mes aspirations les plus profondes, qui sont de vivre un peu partout sur le globe terrestre, d'apprendre des langues différentes, de connaître d'autres cultures, et surtout d'occuper différents postes au sein d'une grande variété de secteurs d'activité. Le marché de l'emploi étant désormais mondial, grâce à la révolution numérique, on peut facilement communiquer et échanger avec tout le monde, quel que soit l'endroit où on se trouve : je connais par exemple des professeurs de français en ligne qui habitent l'Espagne, et dont les élèves sont répartis dans de nombreux pays.

  Le soin de choisir de se rendre au siège de l'entreprise ou d'effectuer du télétravail – ou encore une option intermédiaire entre ces deux possibilités - reviendra alors à chaque employé. Et il est important que tout le monde s'informe d'ores et déjà sur l'éventail d'opportunités qui existe, car ne pas en prendre conscience serait un peu comme renoncer à améliorer son existence. En effet, si on reste dans l'ignorance on risque de tourner le dos aux choix les plus pertinents, ceux-là même qui pourraient nous conduire à notre voie. N'oublions pas que choisir, c'est la plus grande différence que nous puissions opérer dans notre destinée... Prendre des décisions conscientes, c'est le début de tout changement.

CHAPITRE V : CONCLUSION

« Chacun est maître de son destin, c'est à nous de créer les causes du bonheur, il en va de notre responsabilité et celle de personne d'autre. »

Dalaï-Lama

Bien sûr, comme chaque direction qu'on décide de prendre dans la vie, s'incliner pour le télétravail peut nous faire passer par toutes les émotions de base : colère, dégoût, peur, joie, tristesse et surprise. On peut par exemple se sentir légitimement irrité quand les principales décisions sont prises uniquement entre les travailleurs du siège de l'entreprise, sans que notre avis ne compte sous prétexte que l'on opère en télétravail. On peut se sentir considérablement dépité quand la promotion que l'on convoite nous passe sous le nez, parce que l'entreprise privilégie là encore une personne qui est physiquement présente tous les jours – au mépris du fait que c'est un parfait non-sens que d'aller au bureau quotidiennement quand le job consiste justement à communiquer avec des clients et des fournisseurs qui sont eux-mêmes éloignés. On peut ensuite avoir peur de perdre son travail – pour le poids de l'adage « Loin des yeux / Loin du cœur » - et vivre en permanence avec l'épée de Damoclès d'un licenciement impromptu parce qu'on ignore ce qui se trame et ce qui se dit dans les couloirs du siège central. On peut enfin se sentir triste lorsqu'on travaille seul(e), loin de l'ambiance de la ruche, ou même encore avoir ce sentiment diffus d'invisibilité – cette impression que, même si on s'arrêtait de travailler du jour au lendemain, personne ne remarquerait notre absence.

Mais on peut heureusement aussi ressentir de la joie quand tout « fonctionne » bien, quand on a l'impression d'avoir enfin pris en main le contrôle de sa vie, quand on parvient à une zone de confort – voire une zone d'excellence - où tous les objectifs que l'on s'était fixés en choisissant le télétravail sont atteints, et où on sent qu'on a trouvé sa place dans le monde.

CHAPITRE V : CONCLUSION

Être l'architecte et acteur de sa vie ou se contenter de vivre une vie dictée par les circonstances

« Deux routes s'offraient à moi, et là, j'ai suivi celle où l'on n'allait pas, et j'ai compris toute la différence. »

Robert Frost

Il n'est pas rare de voir de nombreuses personnes passer « à côté de leur vie » parce qu'elles n'osent pas sortir des sentiers battus. Or, si le télétravail deviendra effectivement très bientôt la norme en termes de modalités professionnelles, il ne faut pas perdre de vue qu'en faisant le choix conscient de travailler à distance on peut très vite devenir l'architecte de son existence, prenant en main les rênes de décisions aussi importantes que l'endroit où l'on a envie de vivre, là où on va créer son propre noyau social et intensifier son quotidien par la pratique des activités que l'on aime. Grâce notamment à la révolution numérique, le siège de l'entreprise et le domicile du travailleur n'ont plus forcément à être dans la même ville, ni dans le même pays, ni sur le même continent : la distance n'est plus un obstacle pour les carrières professionnelles actuelles. À l'heure où j'écris ces lignes, je vis et je travaille chez moi à Madrid (Espagne) alors que mon employeur et mon bureau officiel sont basés à Londres. Certains de mes collègues ont quant à eux décidé de profiter des avantages fiscaux du Portugal en s'y installant, alors que d'autres encore se sont expatriés en Grèce car leurs conjoints en étaient originaires - sans compter que beaucoup ont pu, tout simplement, rallier sans aucun problème la ville où leur partenaire avait trouvé un emploi... Le tout, grâce au télétravail. On peut donc construire sa vie personnelle à l'endroit où on souhaite s'établir, même si notre employeur se trouve à des milliers de kilomètres : c'est une application pratique de cette révolution numérique qui a permis aux gens d'être connectés, de communiquer et d'échanger quasiment instantanément d'un bout de la planète à l'autre. J'ai des confrères qui ont suivi leurs conjoints à chacune

CHAPITRE V : CONCLUSION

de leurs mutations, et parmi mes connaissances certaines personnes ont également pu se rapprocher de leur famille dans les DOM-TOM. À défaut de pouvoir contrôler tout ce qui se passe dans notre existence, en travail à distance on peut déjà au moins décider de l'endroit où on veut s'établir : avec le télétravail, le monde entier paraît d'un seul coup être à portée de main.

Grâce à cette modalité il est possible de mieux travailler, depuis le confort de son foyer ; de plus, avec une bonne organisation – et tant que l'on ne fait pas partie de ces gens qui sacrifient leurs vies au boulot - le télétravail peut offrir également beaucoup de temps libre. La vie est courte, et nous travaillons pour la « gagner » ... Alors, quand on nous donne la possibilité de choisir l'endroit où nous pouvons développer la meilleure interaction sociale, pourquoi s'en priver ?

Après tout, l'essence de la vie est justement de savoir bien la vivre... D'ailleurs, pour toutes celles et ceux qui ne trouvent pas forcément de satisfaction personnelle dans le travail, il est intéressant de rappeler qu'une vie sociale intense peut compenser cette frustration. Rien n'empêche en effet, quand on est en télétravail, de « surinvestir » dans sa vie personnelle afin d'équilibrer la morosité d'une activité professionnelle qui ne correspond pas à nos aspirations, mais qui sert en l'occurrence uniquement à résoudre les équations physiologiques : payer ses factures, subvenir à ses besoins matériels, etc. C'est déjà une bonne moitié du problème résolu, sachant que le job « parfait » n'existe pas... Comme on ne vit pas pour travailler, il est plus intelligent de mettre ses idées et sa créativité au service de l'intensification de sa vie personnelle, à l'endroit que l'on a choisi pour vivre, et ensuite faire accessoirement son travail à distance, de façon professionnelle – et parfois même, pourquoi pas, avec passion- sans que cela ne déborde sur les priorités que l'on se sera préalablement fixées.

La mondialisation, qui permet de faire du business à l'échelle planétaire, et surtout la révolution numérique, qui a accéléré notre capacité à communiquer et à échanger quelle que soit la distance géographique, sont en train de bouleverser de manière irréversible la façon dont opèrent les entreprises : en effet, celles-ci se sont définitivement affranchies des frontières spatiales et temporelles, non seulement en termes d'affaires, mais aussi au niveau des ressources humaines (talents). Alvin Toffler prédisait en 1970, en parlant du futur - dans son œuvre le Future Shock (Toffler, 1970) - que l'endroit n'allait plus être un facteur majeur de diversité, et que les différences entre les gens ne dépendraient plus directement de leurs pays d'origine. Il avait raison, et sa vision prémonitoire s'est largement concrétisée depuis : aujourd'hui il n'y a plus de barrière géographique, les entreprises peuvent recruter les talents de n'importe où dans le monde et les laisser travailler d'où ils veulent. (Entre parenthèses, dans son livre écrit il y a presque 50 ans l'auteur avait également prédit l'avènement du télétravail parmi les changements à venir.) Dans cette évolution, aussi logique qu'inexorable, les employés devraient être les principaux acteurs du changement et définir eux-mêmes leurs rôles et leurs fonctions, ainsi que, surtout, la façon de travailler qui s'adapte le mieux à leur vie : opérer depuis le siège de l'entreprise ou faire du télétravail. Abraham Lincoln disait qu'à la fin, ce n'est pas le nombre d'années vécues qui compte, mais bien la vie qui a inondé ces années... Pour ma part je me refusais à consacrer les meilleures années de mon existence uniquement au travail, alors j'ai sciemment opté pour une modalité de fonctions à distance car cela m'offrait la possibilité de combler mes désirs de vivre de façon pleine et entière sans avoir à attendre la retraite. J'ai habité un peu partout, j'ai appris plusieurs langues et j'ai connu différentes cultures au cours de mes voyages. Comme je l'ai spécifié précédemment, le bonheur comme la réussite sont des notions très personnelles, et chaque personne a, en la matière, ses propres rêves et aspirations. Mais le plus important c'est d'être en paix avec ses propres choix, qui ne devraient pas être dictés par les circonstances mais plutôt établis de manière consciente par chaque individu – même s'ils paraissent parfois inespérés ou peu judicieux aux yeux des autres. Après tout, Michel Foucault disait bien qu'on devrait

CHAPITRE V : CONCLUSION

tous faire de nos vies des œuvres d'art car il n'y a pas d'art supérieur à celui de vivre...

Il ne tient qu'à nous d'évaluer si le télétravail nous convient pour construire notre mode de vie idéal. Sans oublier bien sûr que, quoi qu'il en soit, le télétravail est appelé à être la modalité incontournable du futur : s'il y a déjà beaucoup de startupers qui travaillent de chez eux, dans un avenir pas très lointain il en sera de même pour la plupart des employés, ce qui signifie qu'il convient de se préparer et de se former dès maintenant car les « savoir-être » et « savoir-faire » virtuels vont très rapidement devenir des compétences très prisées par les entreprises du monde entier.

Pour conclure, je dirais que bien vivre est un processus, une manière d'être, et je pense sincèrement que si l'on a bien fait tous les ajustements personnels et professionnels nécessaires pour s'adapter et être efficace à distance, le télétravail peut nous offrir -à nous, à notre famille ainsi qu'à notre entourage- la possibilité d'avoir une bonne vie... Et, à mon sens, seule cette « vie bonne » est réellement digne d'être vécue.

« Quand je suis allé à l'école, ils m'ont demandé ce que je voulais être quand je serais grand. J'ai répondu « Heureux. » Ils m'ont dit que je n'avais pas compris la question, j'ai répondu qu'ils n'avaient pas compris la vie. »

John Lennon

Remerciements

Je tiens tout d'abord à exprimer ma gratitude éternelle à Sandratra Razafiniaina (The Creative Hobbyist Geek - @thecreativehg) pour tout le temps qu'elle a consacré -sans râler ! - à la graphie de couverture de cet ouvrage, ainsi que pour la création de presque toutes les illustrations suivantes. Merci infiniment !

Ensuite, le plus beau et le plus chaleureux des remerciements aussi à Elisa B. pour les heures qu'elle a passées sur la relecture, la correction, voire la réécriture de certains passages, ainsi que pour la pertinence de ses remarques, pour sa curiosité et pour l'intérêt qu'elle a porté au sujet de ce livre. Merci infiniment ! Je souhaite également remercier Eugénie B. pour sa contribution au développement de la section 2. Toutes deux ont su m'aider à faire de mon manuscrit un recueil lisible et compréhensible pour les lecteurs, ce qui n'a pas toujours été une mince affaire.

Je tiens également à remercier Jean Michel Lucas, entrepreneur et fondateur de la startup Cylaos sur les impressions 3-D, pour la qualité de ses remarques et ses questions pertinentes : tous nos échanges constructifs ont grandement contribué à donner sa forme et son style définitifs à la structure de cet ouvrage.

Toutes mes gratitudes vont également à mes collègues, à tous mes pairs qui sont comme moi en télétravail et avec lesquels j'ai énormément dialogué pour élaborer ces quelques réflexions. Nos échanges d'idées et de conseils sur le télétravail ont d'ailleurs été à la fois l'inspiration, l'essence et le substrat de ces textes. En effet, discuter avec eux à propos des défis quotidiens, des succès, du traitement des défaites, du savoir-faire « virtuel » et des méthodologies, entre autres choses, a été une formidable source d'inspiration et m'a apporté de l'énergie positive aussi bien dans mon travail que dans le cadre de l'écriture de cet ouvrage.

REMERCIEMENTS

Je retiens de nos discussions « virtuelles » des conversations passionnées et une atmosphère d'ébullition intellectuelle autour du télétravail et des méthodes pour réussir sa vie en télétravail. J'espère ne pas trahir vos idées avec cet ouvrage.

Enfin, je remercie ma famille et mes amis de toujours pour leurs encouragements prodigués aussi bien tout au long de ma vie que durant l'écriture de cet ouvrage. Je ne peux nommer tout le monde ici, mais c'est à vous tous que j'adresse ce mot : un grand Merci !

Biographie de l'auteur

Riana Andrieux est un Coach, Formateur et Consultant indépendant en Management de Projets ou de Programmes complexes dans un environnement international où les clients et les équipes de projets sont « virtuels » et dispersés dans différentes parties du monde.

Il a notamment exercé en télétravail des responsabilités de Directeur de Grands Projets Complexes Internationaux dans divers pays (plusieurs nations de l'UE, le Royaume Uni, les Etats-Unis, les Emirats Arabes Unis, le Canada, etc.) auprès de clients issus des principaux secteurs d'activité (Banque, Energie, Télécommunication, Administrations Publiques etc.)

Afin de satisfaire les exigences de ses clients Grands-Comptes et de livrer les valeurs attendues sur les objectifs de ses projets, il a su adopter un style de Leadership adapté au télétravail et dresser avec succès un nouveau paradigme du management destiné à la gestion d'équipes multiculturelles et « virtuelles », géographiquement dispersées de par le monde. En effet, Riana Andrieux a toujours réussi à maintenir soudés, motivés et productifs des groupes multidisciplinaires, où chacun possède sa propre palette d'expériences, de normes culturelles et de perceptions.

Pour ce faire, en tant que manager il s'assure avant tout que chaque membre comprenne bien que, pour réussir ensemble, il faut interagir de manière productive et penser collectivement, en sachant notamment accepter les règles d'engagement prédéfinies et en faisant preuve de Maturité Interpersonnelle Virtuelle. De par son expérience, Riana valide particulièrement l'importance du modèle de maturité (VTMM – Virtual Team Maturity Model) pour augmenter la productivité et la performance des équipes virtuelles en télétravail.

BIOGRAPHIE DE L'AUTEUR

Riana Andrieux est né à Madagascar, où il passera toute son enfance. Adolescent, il suit ses parents à La Réunion : sans être un élève brillant il y obtiendra toutefois un Baccalauréat Scientifique, puis un DEUG de Sciences en 1992. Il enchaînera ensuite sur une Maîtrise de Physique Fondamentale à la Faculté des Sciences de Nantes, avant de valider à nouveau un diplôme de l'Université de La Réunion : un DEA de Mécanique et Energétique, dont il suivra le cursus à l'Institut National Polytechnique de Lorraine -avec un stage de fin d'études de 8 mois chez Dassault Aviation.

Bibliographie

Livres*52 minutes le temps maximum de concentration des cadres en réunion* . (2015, Mars 24). Récupéré sur https://www.lesechos.fr/2015/03/52-minutes-le-temps-maximum-de-concentration-des-cadres-en-reunion-246710

Apello, J. (2010). *Management 3.0: Leading Agile Developers, Developing Agile Leaders.* Pearson Professional.

Arthur, C. (2013, Février 25). *Yahoo chief bans working from home*. Récupéré sur The Guardian: https://www.theguardian.com/technology/2013/feb/25/yahoo-chiefbans-working-home

Belton, P. (2017, Août 25). *An easy way to read more each year*. Récupéré sur BBC Capital: http://www.bbc.com/capital/story/20170825-an-easy-way-to-read-more-each-year

Bestselling author Daniel H. Pink on motivation. (s.d.). Récupéré sur youtube.com: https://www.youtube.com/watch?v=0-MYeEb3eoE

Centre National de Ressources Textuelles et Lexicales. (s.d.). *Confiance*. Récupéré sur cntrl.fr: http://www.cnrtl.fr/definition/confiance

Championnet, A. (2016, Juillet 27). *Les chiffres clefs du télétravail en 2016 !* Récupéré sur Kronos: http://blog.kronos.fr/les-chiffres-clefs-du-teletravail-en-2016/

Change the work. (2017, Mai 4). *Télétravail: Serions-nous les champions d'Europe ?* Récupéré sur Change the work: https://changethework.com/teletravail-champions-europe/

Clerckx, M. (2011). *Petit traité des tendances sociétales : Pour comprendre l'évolution de la société à l'aube du XXIe siècle.* Parole Silence.

Coelho, P. (1987). *Le pèlerin de Compostelle.* Editions Anne Carrière.

Concentration et attention en profondeur : durée moyenne et durée idéale. (2016, Juillet). Récupéré sur Le temps reconquis: https://letempsreconquis.fr/concentration-et-attention-en-profondeur-duree-ideale/

CoSO Cloud,. (2015, Février 17). *Cloud Survey Shows Working Remotely Benefits Employers and Employees.* Récupéré sur CoSo Cloud: http://www.cosocloud.com/pressrelease/connectsolutions-survey-shows-working-remotely-benefitsemployers-and-employees

Covey, S. R. (2013). *The 7 Habits of Highly Effective People: Powerful Lessons in Personal Change.* Simon & Schuster.

Foucher, L. d. (2016, Avril 22). *Absurdes et vides de sens: ces jobs d'enfer.* Récupéré sur Le Monde: http://www.lemonde.fr/mperso/article/2016/04/22/dans-l-enfer-des-jobs-a-lacon_4907069_4497916.html

Glasser, W. (2010). *Choice Theory - A new psychology of personal freedom.* HarperCollins.

Graeber, D. (s.d.). *Bullshit jobs.* Récupéré sur Wikipedia: https://fr.wikipedia.org/wiki/Bullshit_jobs

Henry, C. (2016, Septembre 28). L'Hôtel de ville expérimente le télétravail. *Le Parisien.* Récupéré sur http://www.leparisien.fr/paris-75004/l-hotel-de-ville-experimente-le-teletravail-28-09-2016-6158231.php

How Many Productive Hours in a Work Day? Just 2 Hours, 23 Minutes... (s.d.). Récupéré sur vouchercloud: https://www.vouchercloud.com/blog/office-worker-productivity/

Lenoir, F. (2015). *La puissance de la joie.* Fayard.

Loreau, D. (2011). *L'art des listes.* Robert Laffont.

Luhmann, N. (2006). *Confiance - un mécanisme de réduction de la complexité sociale.* Economica.

McGregor, D. (1960). *The Human Side of Enterprise.* McGraw Hill.

McRaven, W. H. (2017). *Make your bed : Little Things That Can Change Your Life...And Maybe the World.* Grand Central Publishing.

Meyer, E. (2016). *The Culture Map: Decoding How People Think, Lead, and Get Things Done Across Cultures.* (F. T. Edition, Éd.) PublicAffairs.

Moloney, A. (2017, Novembre 24). *How much money is Google worth?* Récupéré sur Metro: https://metro.co.uk/2017/11/24/how-much-money-is-google-worth-7106408/

Montgomry, L. (1908). *Anne...la maison aux pignons verts.* Hachette.

Morgan, J. (2014). *The Future of Work: Attract New Talent, Build Better Leaders, and Create a Competitive Organization.* Wiley.

Olliver, D. (2017, Décembre). *Le succès du télétravail.* Récupéré sur Etudes, REVUE DE CULTURE COMTEMPORAINE: https://www.revue-etudes.com/article/le-succes-du-teletravail-18917

Pink, D. (2009). *Drive: The Surprising Truth about What Motivates Us.* Riverhead.

Popova, M. (2012, Février 22). *Henry Miller's 11 Commandments of Writing and His Daily Creative Routine.* Récupéré sur Brain pickings: https://www.brainpickings.org/2012/02/22/henry-miller-on-writing/

Randstad, G. (2014, Juin 24). *Les temps de trajet des Français pour se rendre au travail*. Récupéré sur Ressources Groupes Randstad: https://resources.grouperandstad.fr/decryptages/les-temps-de-trajet-des-francais-pour-se-rendre-au-travail/

Rifkin, J. (2014). *La nouvelle société du coût marginal zéro : L'internet des objets, l'émergence des communaux collaboratifs et l'éclipse du capitalisme.* Les Liens qui Libèrent.

Rostand, J. (1967). *Inquiétudes d'un biologiste.* Gallimard.

Schwab, K. (2017). *La quatrième révolution industrielle.* Dunod.

Schwartz, J. L. (2005). *The power of Full Engagement: Managing Energy Not Time is the key to High Perform and Personal Renewal.* Simon & Schuster.

Steel, D. P. (2012). *The Procrastination Equation : How to Stop Putting Things Off and Start Getting Stuff Done.* Harper Perennial.

Strutner, S. (2017, Novembre 21). *Cette famille de 9 personnes a trouvé la solution financière pour faire du voyage un mode de vie.* Récupéré sur Huffingtonpost: https://www.huffingtonpost.fr/2017/11/25/cette-famille-de-9-personnes-a-trouve-la-solution-financiere-pour-faire-du-voyage-un-mode-de-vie_a_23272167/

T.Kiyosaki, R. (1997). *Père riche Père pauvre.* Warner Books Ed.

Toffler, A. (1970). *Future Shock.* Bantam.

Travail Sécuritaire, N. (2010). *Guide d'ergonomie : Travail de bureau, guide pour la prévention des lésions musculo-squelettiques.*

Wikipedia. (s.d.). *Flow (psychologie)*. Récupéré sur Wikipedia: https://fr.m.wikipedia.org/wiki/Flow_(psychologie)

Articles

52 minutes le temps maximum de concentration des cadres en réunion . (2015, Mars 24). Récupéré sur https://www.lesechos.fr/2015/03/52-minutes-le-temps-maximum-de-concentration-des-cadres-en-reunion-246710

Arthur, C. (2013, Février 25). *Yahoo chief bans working from home.* Récupéré sur The Guardian: https://www.theguardian.com/technology/2013/feb/25/yahoo-chiefbans-working-home

Belton, P. (2017, Août 25). *An easy way to read more each year.* Récupéré sur BBC Capital: http://www.bbc.com/capital/story/20170825-an-easy-way-to-read-more-each-year

Centre National de Ressources Textuelles et Lexicales. (s.d.). *Confiance.* Récupéré sur cntrl.fr: http://www.cnrtl.fr/definition/confiance

Championnet, A. (2016, Juillet 27). *Les chiffres clefs du télétravail en 2016 !* Récupéré sur Kronos: http://blog.kronos.fr/les-chiffres-clefs-du-teletravail-en-2016/

Change the work. (2017, Mai 4). *Télétravail: Serions-nous les champions d'Europe ?* Récupéré sur Change the work: https://changethework.com/teletravail-champions-europe/

Concentration et attention en profondeur : durée moyenne et durée idéale. (2016, Juillet). Récupéré sur Le temps reconquis:

BIBLIOGRAPHIE

https://letempsreconquis.fr/concentration-et-attention-en-profondeur-duree-ideale/

CoSO Cloud,. (2015, Février 17). *Cloud Survey Shows Working Remotely Benefits Employers and Employees*. Récupéré sur CoSo Cloud: http://www.cosocloud.com/pressrelease/connectsolutions-survey-shows-working-remotely-benefitsemployers-and-employees

Foucher, L. d. (2016, Avril 22). *Absurdes et vides de sens: ces jobs d'enfer*. Récupéré sur Le Monde: http://www.lemonde.fr/mperso/article/2016/04/22/dans-l-enfer-des-jobs-a-lacon_4907069_4497916.html

Graeber, D. (s.d.). *Bullshit jobs*. Récupéré sur Wikipedia: https://fr.wikipedia.org/wiki/Bullshit_jobs

Henry, C. (2016, Septembre 28). L'Hôtel de ville expérimente le télétravail. *Le Parisien*. Récupéré sur http://www.leparisien.fr/paris-75004/l-hotel-de-ville-experimente-le-teletravail-28-09-2016-6158231.php

How Many Productive Hours in a Work Day? Just 2 Hours, 23 Minutes... (s.d.). Récupéré sur vouchercloud: https://www.vouchercloud.com/blog/office-worker-productivity/

Moloney, A. (2017, Novembre 24). *How much money is Google worth?* Récupéré sur Metro: https://metro.co.uk/2017/11/24/how-much-moncy-is-google-worth-7106408/

Olliver, D. (2017, Décembre). *Le succès du télétravail*. Récupéré sur Etudes, REVUE DE CULTURE COMTEMPORAINE: https://www.revue-etudes.com/article/le-succes-du-teletravail-18917

Popova, M. (2012, Février 22). *Henry Miller's 11 Commandments of Writing and His Daily Creative Routine*. Récupéré sur Brain pickings: https://www.brainpickings.org/2012/02/22/henry-miller-on-writing/

Randstad, G. (2014, Juin 24). *Les temps de trajet des Français pour se rendre au travail*. Récupéré sur Ressources Groupes Randstad: https://resources.grouperandstad.fr/decryptages/les-temps-de-trajet-des-francais-pour-se-rendre-au-travail/

Strutner, S. (2017, Novembre 21). *Cette famille de 9 personnes a trouvé la solution financière pour faire du voyage un mode de vie*. Récupéré sur Huffingtonpost: https://www.huffingtonpost.fr/2017/11/25/cette-famille-de-9-personnes-a-trouve-la-solution-financiere-pour-faire-du-voyage-un-mode-de-vie_a_23272167/

Wikipedia. (s.d.). *Flow (psychologie)*. Récupéré sur Wikipedia: https://fr.m.wikipedia.org/wiki/Flow_(psychologie)

Vidéo

Bestselling author Daniel H. Pink on motivation. (s.d.). Récupéré sur youtube.com: https://www.youtube.com/watch?v=o-MYeEb3eoE

www.ingramcontent.com/pod-product-compliance
Lightning Source LLC
Chambersburg PA
CBHW031624210526
45464CB00004B/1735